내 삶을 다시 쓰는 중입니다

봄날의 책방

내 삶을 다시 쓰는 중입니다

초판 1쇄 발행 2025년 6월 10일

지은이_ 강은희, 공요환, 김신주, 김은정, 김종윤, 문선화, 이현정(李賢正), 이현정(李炫定),
       최영숙, 최유재

펴낸이_ 문선화

펴낸곳_ 봄날의 책방

디자인_ 문선화 & 정지효

제작처_ 이노션커뮤니케이션, 메타씨앤티(주)

출판등록번호_ 제2025-000016호

주소_ 강원특별자치도 춘천시 남산면 서백길 707-2

ISBN_ 979-11-992550-0-5

이메일_ msh2980@naver.com

블로그_ https://blog.naver.com/msh3964

이 책은 저작권법에 따라 보호받는 저작물이므로 무단 전재와 무단 복제를 금지하며, 이 책 내용의 전부 또는 일부를 이용하려면 저작권자와 출판사의 서면동의를 받아야 합니다.

대한웰다잉협회 **엔딩플랜 상담사 1기 작품**
엔딩플랜 상담사들의 **웰다잉 이야기**

내 삶을 다시 쓰는 중입니다

강은희, 공요환, 김신주, 김은정, 김종윤,
문선화, 이현정(李賢正), 이현정(李炫定), 최영숙, 최유재

아름다운 마무리를 위한 삶의 회고를 통해 진정한 웰다잉의 삶을 살아가고 있는 엔딩플랜 상담사들의 진솔한 삶의 이야기를 전하고자 합니다.

Well Dying(아름다운 마무리)
Well Living(아름다운 삶)

Well Dying은 평생교육이며, 이 교육을 통해 생명의 존엄성을 깨닫고 삶의 질을 최대화하고 풍성한 삶을 살도록 돕기 위해 대한웰다잉협회는 노력하고 있습니다.

혼자 하면 꿈이지만
함께 하면 현실이 됩니다.

Prologue

들어가면서

우리가 일반적으로 많이 알고 있는 '웨딩플래너'라는 직업이 있다. 결혼을 준비하는 사람들이 '웨딩플래너'라는 전문가의 조언을 듣고 지혜롭게 결혼을 준비하도록 돕는 일이다. 그런데 인생의 마무리를 아름답게 하기 위해 준비해야 된다는 사실은 잘 알고 있는데 어떻게 마무리를 해야 하는지 도와줄 전문가가 없다.

이를 위해서 대한웰다잉협회에서는 엔딩플랜 상담사 과정을 만들어 교육하고 훈련하고 준비하기 시작했다. 엔딩플랜 상담사는 다른 사람들을 돕기 전에 나의 삶을 통합해 봐야 한다.

엔딩플랜 상담사들의 자서전은 오늘을 잘 살기 위한 어제의 회고와 성찰이며 웰다잉을 위한 실천이다.

엔딩플랜 상담사들은 인생의 아름다운 마무리인 좋은 죽음을 위해 자서전 작성하기, 생전 이별식, 바람직한 장례문화 등의 다양한 웰다잉 문화 확산을 위한 활동을 하고 있다.

엔딩플랜 상담사는 인생의 마지막을 아름답게 마무리할 수 있도록 도와주는 수호천사이다.

대한웰다잉협회 협회장 최영숙

About the author

강은희 기독교 사역자, 대한웰다잉협회 전문강사

공요환 엔딩플랜 사업 본부장, 대한웰다잉협회 총무이사

김신주 점촌노인복지센터(평택)센터장, 대한웰다잉협회 엔딩플랜 상담사

김은정 인권센터 연구원, 대한웰다잉협회 엔딩플랜 상담사

김종윤 노인복지현장 33년, 대한웰다잉협회 엔딩플랜 상담사

문선화 희망이룸 대표, 대한웰다잉협회 전문강사, 한국자서전출판협회 자서전 전문 지도사

이현정 보건복지부 사회복지정책 상담사, 대한웰다잉협회 전문강사

이현정 대한웰다잉협회 서울지부장, 웰다잉 전문강사

최영숙 대한웰다잉협회 협회장

최유재 대한웰다잉협회 엔딩플랜 상담사

Contents

Prologue
목차

01 강은희
그날 이후 웰다잉을 배우다 / 13

02 공요환
남은 생, 빛나게 살아낼 용기 / 29

03 김신주
울 엄마와의 소풍 / 47

04 김은정
아버지를 보내드리고 만난 웰다잉 / 65

05 김종윤
웰다잉과 함께 하는 삶 / 83

06 문선화

　　사부작사부작 나의 웰다잉 / 109

07 이현정(李賢正)

　　오늘도 감사한 하루 / 125

08 이현정(李炫定)

　　당신은 명품 인생입니까? / 145

09 최영숙

　　외로울 때 나는 가장 '나' 다웠다 / 163

10 최유재

　　웰다잉과 나의 힐링 스토리 / 185

Epilogue

대한웰다잉협회 엔딩플랜 사업 소개

　웰다잉은 단순히 죽음을 준비하는 것이 아니라 삶의 마지막 순간까지 존엄과 의미를 잃지 않으며 아름답게 마무리하는 것입니다. 엔딩플랜(Ending-plan)은 이러한 웰다잉의 철학을 현실적이고 구체적으로 구현하는 종합적 인생 설계도입니다.

　우리는 태어나면서부터 죽음을 향해 걸어가지만, 정작 그 마지막 여행에 대한 준비는 소홀히 합니다. 엔딩플랜은 인생의 마무리를 품위 있게 설계하고, 사랑하는 사람들에게 남길 마지막 선물을 정성스럽게 준비하는 과정입니다. (영상 자서전, 생전 이별식, 감동적인 장례식 등)

　이는 죽음에 대한 막연한 두려움을 극복하고 남은 삶을 더욱 충실하게 살아가는 지혜이며, 동시에 가족과 후손들에게 전하는 가장 소중하고 의미 있는 유산이 될 것입니다.

　대한웰다잉협회는 존엄한 죽음과 아름다운 인생 마무리를 위한 교육과 상담을 제공하며, 웰다잉 문화 확산과 엔딩플랜 전문가 양성을 통해 국민의 삶의 질 향상에 기여하고 있습니다.

그날 이후 웰다잉을 배우다
- 강은희 작가

1

작가
강 은 희

❑ 소개
1. 대한웰다잉협회 전문강사, 엔딩플랜 상담사
2. 사전연명의료의향서 상담사
3. 노인 통합교육 지도사
4. 사회복지사
5. 청소년 지도사
6. 기독교 사역자

❑ 저서
1. 하늘 아래에서 이어지는 사랑 / 유페이퍼, 2025
2. 그날 이후, 웰다잉을 배우다 / 유페이퍼, 2025

❑ 연락처
onewaykang@hanmail.net

그날 이후 웰다잉을 배우다

✦✦✦✦✦

1. 다시 주어진 시간에 담긴 감사

"부모님과 함께했던 시간은 내 삶의 소중한 보물이다."
 그땐 몰랐다. 지친 일상에서 스쳐간 줄만 알았던 그 시간이, 이렇게 오랫동안 마음 깊이 남아 나를 따뜻하게 감싸줄 줄은. 돌아보면, 그 모든 날이 하나님께서 내게 허락하신 큰 선물이었음을. 그리고 내 인생에서 가장 따뜻하고 깊은 계절이었음을 고백하게 된다.

 엄마는 내가 태어날 당시 엄마의 몸이 많이 안 좋으셨다고 한다. 그래서 나를 낳기 힘든 상황이었기에 내가 선물처럼 찾아왔다며 자주 말씀하셨다. 그렇게 나는 여섯 남매 중 막내로 태어나 부모님의 사랑을 받으며 자랐다. 중학교 이후 타지에서 공부하며 부모님과 떨어져 지낸 탓인지 고향을 떠올릴 때면 늘 마음속 깊은 곳에서 뭉근한 그리움이 올라오곤 했다.

 그러던 내게 뜻밖의 시간이 주어졌다. 다섯 해를 친정 부모님과 함께 지내게 되었고, 그 후에는 시아버님과도 함께 살게 되었다. 나에게 돌봄의 날들은 단순한 책임이나 의무가 아니었다. 다시는 돌아오지 않을 시간임을 알기에, 더 소중한 시간이었다.

그 시절은 힘들고 바빴지만, 그 시간 안에 머물렀던 많은 기억이 지금도 내 마음을 따뜻하게 데운다. 돌이켜 생각해 보면, 곁에서 그 사랑을 나누며 보낸 시간이 나를 '웰다잉'이라는 여정으로 이끈 첫걸음이었고, 삶과 죽음을 더 깊이 바라보게 해 준 배움의 시간이다. 그 시간 덕분에 나는 하루하루를 더 귀하게 여기게 되었고 지금 이 순간도 감사한 마음으로 살아가고 있다.

그리고 이제는, 그 따뜻했던 기억을 가슴에만 간직하지 않고 누군가의 마음에 작은 위로와 빛이 되길 바라며 조심스레 꺼내어 나누어 본다.

2. 함께 걷기 시작한 날들

'과연 잘할 수 있을까…?'
처음 부모님을 모시기로 했을 땐 설렘과 걱정이 함께 밀려왔다. 그런데 함께 지내기 시작하니, 염려했던 것과는 또 다른 시간이 나에게 찾아왔다. 불편함 속에서도 '함께'의 참된 의미를 조금씩 배워가는 시간이었다. 아침이면 "잘 잤냐?" 하고 먼저 안부를 건네던 부모님의 다정한 목소리, 함께 식사하고, 운동하고, 산책하며 꽃구경하던 날들, 아이들과 함께 드렸던 가정예배의 은혜로운 순간들, 지인들과 이야기꽃을 피우던 따뜻한 시간 들, 그리고 가족, 친척들이 찾아와 분주했지만, 정이 더 깊어졌던 날들….지금 돌아보면 그 모든 시간이 참 고맙다.

물론, 항상 평화롭지만은 않았다. 두 분이 치매와 파킨슨병을 앓고 계셨기에, 하루가 멀다하고 이런저런 일들을 마주했다. 때로는 서운함에 눈물 흘렸던 밤들도 있었고, 가끔은 앞뒤 맞지 않는 부모님의 말씀에 큰소리를 낼 때도 있었다. "내가 이겨서 뭐 하려고 이랬나…" 돌아서서 후회한 날들도 많았다.

함께 걷기 시작한 시간은 사랑을 하나씩 배워가는 여정이었다. 때로는 내 고집을 내려놓고, 때로는 말없이 참는 연습을 하며 '있는 그대로 사랑하는 법'을 조금씩 배워갔다. 무엇보다, 가족과 함께했던 그 시간은 삶의 가치를 온몸으로 배우는 살아 있는 교육의 장이었다.

주말에 우리 부부가 집을 비우게 되면, 아이들이 번갈아가며 집을 보고, 할머니·할아버지를 살뜰히 챙겼다. 아마 그 시간들이 아이들에게 말로는 가르칠 수 없는 삶의 중요한 가치를 배우는 시간이 되었을 것이다. 부모님을 모시자고 먼저 말해주었던 고마운 남편. 모시면서 진짜 힘들었을 텐데도, 정성껏 부모님을 모셨다.
특히 두 분을 모시고 교회에 가는 일은 쉽지 않았을 것이다. 그때의 크고 작은 해프닝들조차 이제는 웃으며 떠올릴 수 있는 소중한 추억이 되었다. 지나고 보니, 그 모든 순간이 우리 가족에게 참 따뜻하고 소중한 기억으로 남는다.

3. 함께여서 가능했기에

"저 혼자 부모님을 모신 게 아니에요."

　종종 이런 질문을 받는다. "왜 막내가 부모님을 모셨나요?" 그럴 때면 나는 웃으며 이렇게 말하곤 했다. "늘 곁에서 함께해준 언니, 오빠들이 있었기에 가능했어요."

　매달 보내주던 생활비, 이사할 때 보태준 목돈, 때마다 손수 음식을 챙겨와 부모님 곁을 지켜준 올케언니들. 오빠들은 자주 전화를 걸어 안부를 물어주었고, 시간이 날 때마다 찾아와 부모님을 살뜰히 챙겨주었다. 그 따뜻한 마음 덕분에 나는 부모님을 모시는 동안 조금도 외롭지 않았다. 그래서 자신 있게 말할 수 있다. 그 시간은 나 혼자만의 시간이 아니었다고.

　육남매와 올케언니들, 그리고 조카들까지 모두가 함께 만들어간, 사랑이 깃든 시간이었음을. 특히 언니의 존재는 내게 큰 힘이 되었다. 서울에 사는 언니와 안산에 사는 나, 멀지 않은 거리 덕분에 마음도 자주 오갔다. 집안에 일이 생기면 말없이 달려와 도와주었고, 시댁에 가야 할 일이 있을 때면 묵묵히 부모님 곁을 지켜주었다. 집을 비워야 하는 날이든, 병원에 모셔가야 할 때든, 단 한 번도 망설이지 않았고 함께 해주었던 언니. 그런 내 언니가 있었기에, 나는 부모님을 모시는 시간이 외롭지도, 무겁지도 않았다.

나에게 부모님 돌봄은 가족이 함께 나눌 수 있는 가장 깊고 특별한 사랑이었다. 그 시간 속에서 나는 많은 것을 배웠고, 함께였기에, 그 모든 순간이 가능하지 않았을까.

'함께 돌보는 삶'—

그것이 우리 가족이 부모님께 드린 가장 깊은 사랑의 방식이었다. 그리고 그 사랑은 부모님의 마지막을 더 따뜻하게 만들어 준 '웰다잉의 실천'이기도 했다.

4. 그 때 알았더라면

부모님이 겨울을 나기 위해 우리 집으로 오셨기에 봄이 돌아오면 다시 내려가실 계획이었다. 그래서 정작 고향 집을 정리할 시간은 드리지 못했다. 두 분께 소중한 물건들이 분명 있었을 텐데…. 직접 정리하실 기회를 드리지 못한 것이 아직도 마음에 남는다.

그 기억을 떠올릴 때면 자연스럽게 또 한 분이 생각난다. 시어머니의 장례를 치른 다음 날, 나는 아버님께 큰 실례를 하고 말았다. 가족들이 모두 모인 김에 유품 정리를 서두르자고 했던 것이다. 시골집이라 정리할 물건도 많았고, 밤이 되도록 집 안 구석구석을 들여다보며 정리를 해야 했었다. 그 시각, 다른 곳에 계시던 아버님이 집에 돌아오셨고, 정리된 집안을 본 순간 얼굴빛이 굳어졌다. 얼마나 크게 노하셨는지, 결국 가족들은 모두 집 밖으로 나와야 했고, 그날 밤은 둘째 형님 댁에서 보내야 했다.

다음 날, 아버님께 찾아가 정중히 사과드렸고, 중요한 물건들은 따로 보관하실 수 있도록 상자를 마련해드리고 아버님이 원하신 장소에 두었다. 다행히 마음은 조금씩 풀어지셨지만, 그날을 떠올리면 지금도 죄송한 마음이 남아있다. 나이가 들수록 '익숙한 환경'이 얼마나 큰 위로가 되는지를 알게 되었다. 기억은 흐려지고, 몸은 예전 같지 않은 그 시기에 작은 변화 하나도 어르신들에게는 큰 두려움이 된다. 우리는 더 편안하게 해드리고 싶은 마음에서 시작했지만, 정작 아버님의 마음은 깊이 헤아리진 못했던 것이다.

이제야 알게 되었다. 정리는 단순히 물건을 치우는 일이 아니었다. 그분의 삶을 돌아보고, 되새기며, 무엇을 남기고, 무엇을 떠나보낼지를 스스로 결정할 수 있도록 기다려드리는 시간이었음을. 그 기다림이야말로 진짜 존중이고, 진짜 사랑임을 깨달았다. 삶을 돌아보고 정리할 수 있는 시간. 그건 누군가에게 주어지는 마지막이자 가장 귀한 선물이다.

진짜 웰다잉은 거창한 준비에서 시작되는 게 아니라, 삶의 마지막을 함께 존중하는 아주 작은 배려에서부터 시작되는 것이 아닐까 싶다. '그때 알았더라면…' 이 후회의 마음이 누군가에게는 후회로 남지 않기를 바란다.

5. 나의 작은 후회

　엄마는 한동안 나와 함께 지내시다가, 큰오빠 댁으로 내려가시게 되었다. 엄마도 원하셨던 결정이었기에, 나는 기쁜 마음으로 기꺼이 보내드렸다. 그런데 얼마 지나지 않아, 올케언니는 엄마를 복지관에 다니시게 했다. 처음 그 이야기를 들었을 때, 솔직히 조금 서운했다. 엄마는 평소 마을 회관에도 잘 나가지 않으셨다. 남의 이야기가 오가는 분위기를 좋아하지 않으셨기 때문이다. 나는 '좀 더 적응하신 다음에 보내드려도 늦지 않을 텐데' 하는 생각이 들었다. 엄마의 마음을 충분히 헤아리지 못한 결정 같아서, 걱정이 되었다.

　하지만 그런 내 생각은 오래가지 않았다. 복지관에 나가시면서 엄마는 오히려 밝아지셨고, 잘 적응해 주셨다. 어느 날 엄마를 뵈러 갔을 때, 살도 적당히 빠지시고, 혈색도 한결 좋아지신 걸 보고 정말 깜짝 놀랐다. 엄마는 그곳에서 운동도 하시고, 간단한 프로그램도 참여하시며 나름의 생활 리듬을 만들어가고 계셨다. 그 모습을 보며 '아, 언니의 선택이 옳았구나.' 나는 엄마를 생각해서 안 보내드렸다고 했지만, 어쩌면 내 걱정이 앞서 있었던 건 아닐까. 엄마가 스스로 잘 적응할 수 있다는 걸, 내가 먼저 제한해 버린 건 아니었을까 싶었다.

　그 일은 지금도 내 마음 한편에 남아 있다. 돌봄에는 정답이 없다는 말을, 그때 실감했다. 어떤 선택이 나은 선택이었는지를 따지기보다, 각자의 자리에서 부모님을 사랑하려 애썼던 그 마음이 중요했음을 시간이 흐른 뒤에야 조금씩 깨닫게 되었다.

6. 아버님 일상 프로젝트

엄마가 큰오빠 댁으로 가신 뒤, 우리 가족은 아버님과 함께 지내게 됐다. 도시 생활을 늘 "창살 없는 감옥 같다"고 말씀하시던 분이셨는데, 오신다고 흔쾌히 허락해주셔서 우린 정말 아버님께 감사했다. 딸들의 보살핌을 받으며 지내시기도 했지만, 홀로 지내시면서 얼마나 외롭고 힘드셨을까 짐작하며 우리는 아버님 맞을 준비를 했다.

치매 초기 증상이 있던 아버님이 시골에서 다니시던 복지관 생활을 이곳에서도 이어갈 수 있도록 남편과 나는 여러 주간보호센타와 복지관을 직접 찾아다녔다. 조금이라도 더 좋은 곳, 편안하게 다니실 수 있는 곳을 찾아드리고 싶었다. 아이들도 자연스럽게 할아버지와 함께하는 일상에 익숙해졌고, 그렇게 우리 가족의 새로운 일상이 시작되었다.

그 덕분이었을까. 평소 말씀이 적고 감정을 드러내지 않으시던 아버님이 예전보다 말씀이 많아지셨고, 자주 웃으셨다. 복지관에서 만든 작품을 자랑하듯 보여주시고, 친척들이 오면 당신 방을 기쁘게 소개하시곤 했다. 함께한 시간은 길지 않았지만, 그 순간들이 얼마나 따뜻하고 귀한 시간이었는지 모른다.

코로나시기를 무사히 지나 안심하던 어느 날, 아버님의 기침이 깊어지고 숨이 차기 시작했다. 폐 건강이 나빠지면서 식사도 힘들어지시고 거동도 점점 불편해지셨다. 치매 증상도 점점 심해졌고 복지관에 가는 것도 어려워졌다. 외출은 점점 줄고 아버님의 일상이 서서히 닫혀가기 시작했다. 그래서 조심스럽게 복지관에 부탁드려 '아버님의 일상 프로젝트'를 시작했다.

하루 2~3시간이라도 머무르실 수 있도록, 복지관에 모셔다 드리고 다시 데려오는 날들이 이어졌다. 조금이라도 다시 일상을 살아가시길 간절히 바라는 마음에서였다. 그 시간이 아버님께 정말 좋으셨는지는 지금도 확신할 수 없다. 하지만 돌아가시기 전날까지 스스로 걸어서 복지관을 다녀오셨던 모습을 떠올리며 나는 믿고 싶다. 그 선택이 틀리지 않았다고. 비록 완벽하진 않았지만, 아버님의 일상을 지켜드리려 했던 우리의 마음이 결코 헛되지 않았다고. 진짜 웰다잉이란 삶의 끝을 준비하는 것이 아니라, 오늘의 삶을 정성껏 지켜내는 데서 시작되는 것이 아닐까.

7. 존엄한 선택

엄마는 아들 바보셨다.
어느 날, 거실에 서 계시다가 오빠를 보려고 돌아서다 그대로 바닥에 주저 앉으셨다. 검사 결과, 고관절에 금이 갔다고 했다. 수술은 잘 끝났지만, 그 후 갑자기 폐 상태가 나빠지셨고 결국 수술 후

2주도 안되어 엄마는 우리 곁을 떠나 하나님 품으로 가셨다.

　나는 엄마 수술 날 병원에 가지 못한 그 일이 아직도 내 마음에 후회로 남는다. 마지막으로 뵌 시간이 돌아가시기 7시간 전……
　호흡곤란으로 힘들어하시던 그 때를 떠올리면 아직도 마음이 아리다.

　그래도 감사한 건, 엄마의 마지막 순간을 육남매 모두 함께할 수 있었다는 거다. 큰 병원 중환자실이 아닌, 작지만 가족의 방문을 배려해 주는 조용한 병원을 선택해 함께 머물 수 있었고, 그 덕분에 엄마와 작별할 수 있는 소중한 시간을 가질 수 있었다. 그건 오빠들의 지혜로운 결정이었고, 지금도 그때의 고마움을 잊지 않고 있다. 장례식장에서도 슬픔이 가득했지만, 감사의 마음도 컸다. 오래 힘들어 하지 않으시고 하나님 품에 안기셨다는 것, 그게 우리에게는 큰 위로였다.

　자연스럽게 시어머님을 떠나보내던 시간이 떠오른다. 시어머님이 아프실 때 치료를 계속할지, 집으로 모실지를 두고 마음이 복잡했다. 나는 조금 더 치료를 이어가길 바랐지만, 형님들의 결정으로 호스피스를 선택하게 됐다. 그땐 솔직히 서운했지만, 지금은 안다. 그 결정 안에 얼마나 깊은 배려와 존중이 담겨 있었는지를. 시어머님의 평안한 마지막은 서로의 마음을 헤아렸던 가족 덕분이었다. 그래서 연명의료 결정도 자연스럽게 한마음으로 이어질 수 있었던 것 같다.

가끔 생각한다. 부모님이 생전에 사전연명의료의향서를 미리 작성해두셨다면, 그 선택의 순간에 우리도 조금 덜 흔들렸을 것이고, 부모님의 뜻을 더 분명히 따를 수 있었을 것이다. 이제는 안다. 마지막을 스스로 선택할 수 있다는 것, 그 권리를 지켜주는 일이 웰다잉의 시작이라는 것. 자기 결정권은 삶의 끝에서 누릴 수 있는 마지막 존엄이자, 남겨진 이들이 드릴 수 있는 최후의 사랑이라는 것을.

엄마를 떠나보낸 뒤, 큰오빠가 눈물을 흘리며 말했다. "엄마께 더 잘하지 못해 죄송하다." 장남으로서 짊어졌던 무게가 얼마나 컸을까 싶어, 오빠의 눈물이 더욱 마음을 아프게 했다.
그리고 큰올케 언니가 덧붙였다. "앞으로도 명절엔 꼭 모입시다. 안 오면 서운할 것 같아요." 그 한마디가 얼마나 따뜻하고 고마웠는지 모른다. 그 한마디가 우리 가족을 이어주는 따뜻한 끈이 되어 지금도 그 약속을 소중히 지켜가고 있다. 그래서 나는 이별은 끝이 아니라, 사랑으로 이어나가는 또 다른 시작이라는 걸 느낄 수 있었다.

'조금 더 곁에 있어 드릴 걸', '좀 더 따뜻한 말을 전할 걸', '좀 더 많이 웃어드릴 걸' 전하지 못한 마음들이 여전히 가슴에 남아 있다. 그리고 이제야 깨닫는다. 삶을 잘 살아낸 사람은, 마지막도 따뜻하게 준비할 수 있다는 것을. 그게 바로 웰다잉의 첫걸음이다는 것을.

8. 따뜻한 이별을 위한 준비

부모님을 떠나보낸 뒤, 마음 한편에 많은 아쉬움이 남는다. '부모님의 삶을 자서전으로 남겨드렸더라면 어땠을까?' 정직하고 성실하게, 믿음으로 걸어오신 두 분의 발자취를 글로 남겼다면 그것만으로도 우리 가족에게 큰 위로이자 삶의 지침이 되었을 것이다.

또한 살아 계실 때 부모님께서 남기고 싶으셨던 말들을 육성이나 영상으로 담아두었다면 얼마나 좋았을까. 그분들의 목소리와 표정, 눈빛 하나하나가 지금 우리에겐 더없이 큰 선물이 되었을 것이다.

가끔 이런 생각도 해본다.
그때 '생전 이별식'을 준비했더라면 어땠을까? 부모님께서 보고 싶었던 분들을 만나 마지막 인사를 나누고, 장례에 대한 의향도 미리 이야기 나눴다면 그 작별이 조금은 덜 막막하고, 덜 힘들지 않았을까.

웰다잉은 단지 '죽음을 준비하는 것'이 아니라 삶의 마지막 순간까지도 따뜻하게 준비하는 삶의 태도라는 것, 죽음을 피하거나 두려워하기보다는, 남겨진 이들을 위해 끝까지 배려를 남기고 사랑을 전하는 일이라는 것을 이제야 알게 되었다.

사전 연명의료 의향서, 사전 장례 의향서, 유언장 같은 준비들은 단순한 문서 작업이 아니다. 자신의 삶을 존중하고, 남겨질 이들에게 보내는 마지막 사랑의 표현이다. 그리고 '생전 이별식'은 따뜻한 작별의 인사로 살아 있을 때, 소중한 이들을 초대해 웃고, 나누고, 감사의 인사를 전하는 의미 있는 시간이 될 것이다.

"당신 덕분에 행복했어요. 고맙고, 사랑해요." 이 한마디가 전해질 수 있다면 그 이별은 조금 덜 아프고, 조금 더 아름다울 수 있지 않을까 생각해 본다. 사랑하는 이를 잘 보내는 일. 그리고 나 자신도 잘 떠날 수 있도록 준비하는 일. 그것은 어쩌면 삶을 더 깊이 사랑하는 또 하나의 방법임을, 나는 부모님을 통해 배워가고 있다.

9. 웰다잉과의 만남, 오늘을 더 사랑하게 되다

양가 부모님을 모시며 참 많은 아쉬움과 후회를 경험했지만, 그 시간이 내 마음을 조금씩 바꿔놓았다. 어르신들을 향한 관심도 자연스럽게 깊어졌고, 어느 날 문득, 이런 생각이 들었다. '지금 곁에 계신 어르신들께 내가 뭔가 도와드릴 수 있다면 얼마나 좋을까.' 그 마음을 조심스레 주변에 나누던 중, '웰다잉'이라는 단어를 처음 알게 되었다. 그때부터 내 삶의 방향이 조금씩 달라지기 시작했다.

1년 동안 웰다잉을 배우면서 나는 나 자신을 돌아보는 시간을 가질 수 있었다. 삶을 천천히 정리해 나가며, 내가 어떤 모습으로 살아가고 싶은지 다시 생각해 보게 되었다. 그리고 그 시간이 결국, 지금, 이 순간을 더 깊이 사랑하며 살아가야겠다는 다짐으로 이어졌다.

웰다잉은 단지 마지막을 준비하는 일이 아니다. '오늘을 어떻게 살아야 하는지'를 알려주는 삶의 태도다. 사랑하는 사람에게 아쉬움 대신 따뜻한 기억을 남기고, 나 자신에게도 후회보다는 고마움을 남길 수 있도록 지금, 이 순간을 성실히 살아가는 것. 그것이 나의 웰다잉이다.

인생의 하프타임을 맞이한 지금, 작은 것부터 차근차근 정리하며 가벼운 마음으로 의미 있는 오늘을 살아가려 한다. 부모님은 이제 곁에 계시지 않지만, 남아 있는 가족들을 위해, 그리고 나 자신을 위해 나의 삶을 천천히 준비해 나가고 있다.

부모님처럼, 나도 나만의 방식으로 따뜻한 흔적을 남기고 싶다. 지금 곁에 있는 사람들과 더 많이 웃고, 더 깊이 사랑하며 하루하루를 살아갈 것이다. 그렇게 사랑하고 사랑을 남기며 오늘을 살아가련다. 그리고 언젠가 다른 누군가가 그 사랑을 이어가기를 바라며.

우리의 삶은 'End'가 아니라, 'And'다.

남은 생, 빛나게 살아낼 용기
- 공요환 작가

2

작가
공 요 환

☐ 소개
1. 대한웰다잉협회 총무이사
2. 엔딩플랜 사업본부장
3. 사전연명의료의향서 상담사
4. 사회복지사
5. 노인 통합교육 지도사
6. 요양보호사
7. 웰다잉 전문강사
8. 서울시립대 행정학과 졸업
9. 경희대 공공대학원 석사
10. 서울교통공사 정년 퇴임

☐ 저서
인생의 쉼표, 아내와 나눈 2박3일의 풍경 / 유페이퍼, 2025
남은생, 빛나게 살아낼 용기 / 유페이퍼, 2025

남은 생, 빛나게 살아낼 용기

✦ ✦ ✦ ✦ ✦

1. 웰다잉의 시작

정년퇴직의 문턱에서, 나는 마치 갑작스레 물 밖으로 던져진 물고기처럼 방향성을 상실한 채 표류하고 있었다. 수십 년간 몸담았던 직장을 떠나니 해방감과 상실감이 공존했다. 빼곡하던 일정표는 백지가 되었고, 매일의 분주함은 적막한 여백으로 대체되었다. 그토록 갈망하던 여유가 왔지만, 이 자유는 오히려 무게로 다가왔다.

초반의 몇 달은 여행과 독서로 채웠으나, 내면 깊은 곳에서는 채워지지 않는 공허함이 맴돌았다. 진정으로 의미 있는 삶의 방향을 모색해야 한다는 내면의 목소리가 끊임없이 울려 퍼졌다.

자회사 입사의 기회도 있었지만, 동일한 궤적으로 남은 인생을 소진하고 싶지 않았다. 나는 오랫동안 관심을 가져왔던 '웰다잉'의 길을 선택했다. 십여 년 전만 해도 웰빙은 친숙했으나, 웰다잉은 생소한 개념이었다. "삶을 잘 살아가는 것만큼 죽음을 잘 준비하는 것도 중요하다"라는 말에 번개처럼 강렬한 깨달음이 찾아왔다.

신앙인으로서 사후세계에 대한 믿음은 있었으나, 실제 죽음을 맞이하는 과정에 대해서는 불안과 모호함이 공존했다. 웰다잉이라는 주제는 낯설면서도 필연적으로 마주해야 할 과제처럼 느껴졌다.

지역 교육센터에서 '인생 회고와 웰다잉 준비' 강좌에 참여했을 때, 최영숙 교수님의 "여러분은 자신의 죽음을 준비해 본 적 있으신가요?"라는 질문은 침묵으로 가득한 강의실에 울려퍼졌고 가슴은 뛰기 시작했다.

강의를 통해 죽음 준비의 본질을 깨닫기 시작했고, 남은 시간을 어떻게 의미 있게 채울지 고민하게 되었다. 교수님의 "웰다잉 교육을 다른 분들과 나누어 보시는 건 어떠세요?"라는 제안은 내 인생의 새로운 장을 열어주었다.

이후 웰다잉 교육 지도자 과정을 수료하며 생애주기, 노년의 변화, 죽음 준비의 철학을 배우는 여정을 시작했다. 하늘이 열어준 인생 2막의 문이었다.

이 책은 웰다잉 교육 과정에서 만난 깊은 통찰과 이야기들을 담고 있다. 신앙적 토대 위에서, 한 인간으로서 체험한 솔직한 내러티브를 전하고자 한다. 이 소박한 기록들이 독자들에게 잔잔한 감동을 전하며, '아름다운 삶, 아름다운 마무리'에 관한 성찰의 계기가 되길 진심으로 소망한다.

2. 노인에 대한 이해

웰다잉 교육의 첫 관문은 노인에 대한 심층적인 이해였다. 백발이 성성한 어르신들을 만나기 전, 노년기의 다층적인 변화를 교재를 통해 접했다.

노년은 심리적 격변기이다. 평생 사회적 지위와 역할로 자아를 형성해 온 이들이 퇴직 후 겪는 정체성 상실과 혼란은 생각보다 깊었다. 반복되는 이별과 상실이 우울과 무기력을 초래한다는 사실을 머리로는 이해하고 있었지만, 실제 노인들의 삶에 드러난 모습은 훨씬 복합적이었다.

첫 강의 지로 찾은 동네 경로당에서는 열 명 남짓한 어르신들이 원을 그려 앉아 계셨다. 떨리는 마음으로 자기소개를 부탁드렸을 때, 한 노신사가 퉁명스럽게 말씀하셨다.

"웰다잉이 뭐야? 다 소용없어. 벌써 늙어서 끝인데." 초보 강사였던 나는 당황했지만, 한 할머니의 "기왕 선생님이 오셨으니 끝까지 들어봐요."라는 중재로 간신히 흐름을 이어갔다.

그 순간, 퉁명스러운 노인의 뒷모습에서 깊은 고독과 상실감이 느껴졌다. 사회적 역할 상실과 심리적 위축이 만든 노년의 초상화를 마주한 순간이었다.

"선생님들의 허탈감을 제가 온전히 이해할 수는 없지만, 오늘은 함께 이야기를 나누는 시간이 되었으면 합니다."

한 할머니는 말했다. "처음엔 나도 죽는 날만 기다렸는데, 이렇게 사람들 얼굴 보며 얘기하다 보면 하루가 금방 가더라고." 그 말이 대화의 물꼬를 텄다. 우리는 그날, 강의계획을 제쳐두고 은퇴 후의 심정 변화를 나누었다. 사회에서 소외되었다고 느끼던 어르신들이 서로의 말에 깊이 공감하며 "나도 그랬어."라고 말하는 모습은 감동적이었다. 단순한 경청만으로도 치유는 시작되고 있었다.

노년기의 신체적 변화 또한 간과할 수 없었다. 한 수강생은 계단 오르기가 고통스러워 엘리베이터를 원했고, 또 다른 분은 3층까지 오르며 젊은 시절을 떠올리곤 했다. 시력 감퇴로 독서가 어려운 분, 손 떨림으로 필기가 힘든 분, 여러 만성질환으로 약을 복용하는 분들까지, 각자가 노화의 무게를 지고 있었다.

물을 떠다 드리고 필기 자료를 나눠드리는 작은 배려만으로도 감사해하시는 모습에서, 노년의 취약함에 대한 이해와 배려의 중요성을 절감했다.

"예전엔 명절이면 집안이 북적였는데, 이젠 차례 끝나면 각자 가버리고 집이 썰렁해요."라는 70대 수강생의 말에는 짙은 외로움이 묻어 있었다. 디지털 세대와의 단절도 큰 상처였다.

"손자는 맨날 휴대전화만 보고, 난 카톡도 못 하니 소외된 기분이야."라는 말에서 급변하는 사회 속 노인의 고립을 느낄 수 있었다.

다양한 어르신들과의 만남을 통해, 교재의 지식이 생생한 현실임을 실감했다. 가장 큰 깨달음은 이분들이 곧 '나의 미래'라는 사실이었다.

"나는 나이 들어 어떤 모습일까? 저분들처럼 되었을 때, 행복할 수 있을까?"라는 자문은 나를 끊임없이 겸허하게 만들었다.

노인을 이해한다는 것은 결국 삶의 보편적 여정을 이해하는 일이었다. 깊은 이해와 공감 위에서만 아름다운 삶의 마무리를 향한 여정이 시작될 수 있음을 깨달았다.

3. 성공적인 노화 준비

웰다잉 교육의 핵심인 '성공적 노화'를 위해서는 체계적인 준비와 관리가 필수적이었다.

두 번째 장에서는 남은 생애를 의미 있게 영위하는 방법을 다섯 가지 영역—건강, 경제, 정서, 일, 이별 관리—에서 심도 있게 탐구했다. 이 요소들은 개별적 항목이 아닌, 노후의 풍요로운 삶을 위한 유기적 요소들이었다.

교수님의 가르침은 나의 지식 지평을 확장시켰고, 그 중요성을 점차 체득하게 했다.

건강 관리는 노년의 근간이었다. "재산은 회복할 수 있지만, 건강을 잃으면 그것으로 끝이다"라는 교수님의 강조는 수강생들의 마음에 깊이 새겨졌다.

60대 후반의 한 수강생은 젊은 시절 일에 매몰되어 건강을 등한시하다가 심장 질환으로 응급 수술을 받은 경험을 나눴다. 생사의 갈림길에서 비로소 "더 살고 싶다"는 간절함을 깨달았다고 했다. 수술 후 그는 매일 공원을 산책하고 계단을 이용하는 등 꾸준한 운동을 생활화했다.

"내 생명은 하나님의 선물로 생각하고, 감사하는 마음으로 관리합니다." 이 고백은 많은 이들에게 경각심을 일깨웠다.

수강생들은 서로의 건강 습관을 공유하며, 건강관리란 거창한 것이 아닌 일상의 작은 실천과 자기애임을 확인했다.

경제 관리는 정신적 안정과 직결되었다. 한 70대 수강생은 자녀들이 독립하고 남은 퇴직금과 저축이 점차 줄어드는 현실에 불안해하며 "밤잠을 설치고 있다고 했다". 노년기 경제관리의 핵심은 새로운 수입원 창출보다는 현명한 지출 조절과 기존 자원의 보존이라는 인식이 형성되었다.

우리는 불필요한 구독 서비스나 보험료를 점검하고, 저비용 취미 활동을 모색했다. 예전엔 풍족한 소비가 행복이라 여겼지만, 이젠 공원 산책과 차 한 잔이 '최고의 행복'이라는 한 수강생의 밝은 미소는 물질적 풍요보다 정신적 충족감이 중요함을 일깨웠다. 금융사기 예방과 신뢰할 수 있는 이들과의 재정 상담도 강조되었다.

정서 관리는 노년기 삶의 질을 좌우했다. "내 마음 돌보기" 시간에 한 수강생은 배우자 상실 후 경험한 심각한 우울감을 토로했다. "그이가 떠난 후 가슴이 텅 비었고, 식욕도 말수도 사라졌죠." 또 다른 스태프는 젊은 딸을 잃은 후 깊은 슬픔에서 웰다잉 교육을 통해 회복 중이라고 나눴다.

이런 사례들을 통해 공동체 참여와 교류가 정서적 회복의 열쇠임을 깨달았다. 노년기 정서 관리의 핵심은 고립 방지와 마음 열기였다. 슬픔을 인정하고, 작은 기쁨을 찾으며, 필요시 전문적 도움을 구하는 것이 중요했다.

일 관리는 노후 준비의 중추였다. 이는 직업보다는 하루를 의미 있게 채울 활동을 의미했다. 평생 일에 몰두하다 은퇴한 이들에게 '갈 곳 없음'은 견디기 힘든 현실이었다. 어떤 이는 정장 차림으로 도서관에 '출근'하는 일상을 만들었다고 했다.

나 역시 반년간 도서관에서 열정적으로 독서하며 일상의 구조를 찾으려 노력했다. 일의 보람은 금전적 대가가 아닌 몰입할 대상이 있다는 것에서 비롯됨을 깨달았다. 텃밭 가꾸기, 오랜 친구와의 통화, 십자말풀이 같은 소소한 활동도 삶의 주인 의식을 유지하는 중요한 '일'이었다.

이별 관리는 노년기의 피할 수 없는 과제였다. 배우자, 형제자매, 친구들과의 잦은 이별은 심리적 도전이었다. 교회의 한 권사는 암으로 딸을 잃은 후 "내가 죽은 것과 다름 없었다"고 고백했다. 오랜 시간이 지난 후에도 그녀는 딸에게 마음속 편지를 쓰며 슬픔을 감내한다고 했다.

이런 순간들을 통해 이별의 고통도 나눔으로써 경감됨을 배웠다. 사랑하는 이와의 이별은 불가피하지만, 그 슬픔을 의미 있게 승화시키는 방법을 함께 모색하는 것이 중요했다. 희망과 추억을 간직하며 현재를 살아가는 것이 이별의 슬픔을 견디는 자세였다.

웰다잉 교육자로서 현장에 나가며 노인들의 생생한 인생 회고를 통해 진정한 웰다잉을 배웠다. 건강, 경제, 정서, 일, 이별에 대한 준비는 성공적 노화의 필수 요소들이며, 어느 하나도 소홀히 할 수 없는 통합적 구성요소임을 확인했다.

강의 종료 무렵, 처음에는 우울했던 수강생들이 서로 웃으며 "다음 주에 봅시다"라고 인사하는 모습에서 보람을 느꼈다. 이 과정은 나 자신에게도 삶의 의욕을 되찾고 남은 생을 더 빛나게 살아갈 용기를 선사한 소중한 시간이었다.

4. 아름다운 이별을 위한 준비

처음 강단에 서서 "오늘부터 우리는 죽음을 공부합시다"라고 선언했을 때, 교실 한가득 일렁이던 침묵을 아직도 잊지 못한다. 죽음은 고요한 공포였다. 어떤 이는 두려움을 숨기려 고개를 돌렸고, 어떤 이는 쓴웃음으로 낯빛을 감추었다. 그러나 우리가 이 불청객을 외면한다고 사라지는 것은 아니었다.

강의 서두에 나는 어릴 적 친구를 졸지에 잃은 이야기를 꺼냈다. "건강했던 사람이 먼저 가는 일은 드물지 않습니다." 내 말이 끝나자, 팔짱을 낀 채 못마땅해하던 한 노신사가 주름 진 눈가를 비벼 올렸다. 그는 몇 달 전 심장마비로 친구를 떠나보냈다며 떨리는 목소리로 속내를 털어놓았다. 그 순간, 교실 공기는 낯선 연대감으로 묘하게 따뜻해졌다.

우리는 죽음의 정의를 칠판 한가운데 크게 적고, 각자의 단어를 덧붙였다. '이별', '안식', '새 시작'… 상반된 단어들이 한데 어울려 뜻밖의 화음을 이루었다. 한 참가자는 "믿음 덕분에 죽음 이후를 긍정적으로 생각했지만, '어떻게' 떠날지는 생각해 본 적이 없다"라고 고백했다. 서로의 속내가 조심스레 드러나자, 두려움은 어느새 삶을 더욱 선명하게 비추는 거울이 되었다.

실질적 준비에 대한 이야기가 이어졌다. 연명의료 중단 의사를 기록하는 사전연명의료의향서가 화두에 올랐다. 중환자실에서 남편의 무의미한 연명 치료를 지켜본 한 할머니가 "그 서류 한 장이 가족의 죄책감을 덜어 줍니다"라며 눈시울을 붉히자, 모두 진지한 얼굴로 서류를 받아 들었다.

삶의 마지막에도 스스로 결정권을 지키겠다는 다짐이었고, 남겨질 이들을 위한 마지막 배려이기도 했다.

그다음 과제는 '마음의 유산'이었다. 우리는 간단한 유언장을 써 보았다. 한 어르신이 먼저 떠난 아내에게 "이번엔 마음껏 여행시켜 주겠다"라는 문장을 읽어 내려가는 동안 여기저기서 훌쩍임이 새어 나왔다. 재산이 많지 않아도, 남길 이야기는 차고 넘쳤다. 글로 마음을 꺼내자 가슴 속 무게가 가볍다며 환히 웃는 얼굴들이 인상적이었다.

장례 문화에 대한 토론도 치열했다. 성대한 삼일장을 고집하기보다, 부고는 간소화하고 조의금은 받지 말자는 의견이 많았다. "남은 돈은 살아 있는 이들에게 쓰게 하고 싶다"는 한마디에 고개가 일제히 끄덕여졌다. 허례허식보다는 애도와 함께 감사와 추억을 나누는 자리여야 한다는 데 뜻이 모였다.

 죽음 앞의 후회, 그 뿌리는 미처 풀지 못한 '용서'였다. 교수님은 "걸걸걸('\~할걸') 대신 다다다('\~했다')로 마치는 인생이 됩시다"라고 강조하셨다. 용서할 사람, 용서를 구할 사람의 얼굴을 떠올리게 하자 깊은 정적이 흘렀다. 그날 수업이 끝나고, 몇몇은 바로 복도에서 전화를 걸어 상대의 이름을 조용히 불렀다. 목소리가 떨렸지만, 눈빛은 놀라우리만치 평화로워 보였다.

 우리는 자살 예방도 놓치지 않았다. 자신이 자녀들의 삶에 짐으로 여겨져 삶을 포기하려 했던 나의 장인어른 이야기를 통해 "아버지는 존재만으로도 가족의 중심점"이라는 아들의 한마디가 그를 붙잡았다는 경험담이 전해지자, 교실에는 묵직한 공감의 숨결이 돌았다. "이 자리에 계신 것만으로도 우리에겐 큰 의미입니다"라는 교수님의 결언에 모두 미소로 화답했다.

 마지막 과제는 자서전이었다. 백지 앞에 선 순간 "별 이야기가 없다"라고 하던 이들도, 첫사랑의 설렘이나 전쟁터 같은 생계의 무게를 적어 내려가며 스스로 놀라워했다. 누군가는 잊힌 단어를 되찾으며 젊은 시절의 빛을 얼굴에 띠었고, 누군가는 굳게 닫힌 기억을 열고 눈물을 삼켰다. 글을 읽어 주고 박수를 받는 시간이 반복되자, 우리는 서로의 인생이 한 편의 장편소설임을 새삼 깨달았다.

강의 마지막 날, 처음엔 차갑던 교실이 온기로 가득했다. 두려움은 이해로, 막막함은 계획으로, 무거운 침묵은 서로를 위로하는 웃음으로 바뀌어 있었다.

우리는 알게 되었다. 죽음을 준비하는 일은 삶을 더 풍요롭게 누리려는 노력이며, 궁극적으로는 먼 훗날 미소로 이별하기 위한 연습이라는 것을. 죽음이라는 가장 확실한 진실을 마주한 뒤, 남은 삶은 더없이 선물처럼 빛나 보였다.

5. 입관 체험

관 한쪽에 비스듬히 걸린 저녁 햇살이 희미한 나뭇결을 쓰다듬고 있었다. 교수님의 다문 입술 사이로 침묵이 흘렀다. 교실은 녹음된 통곡 소리가 흘러나와 분위기를 더욱 무겁고 암울하게 했다. '입관 체험'—살아 있는 몸으로 관에 들어갔다 나오는, 웰다잉 교육의 마지막 관문이었다.

"산 사람이 관에?"라며 눈을 동그랗게 뜨던 분도, "나 죽기 전에 관 구경 정도야..." 하고 농담을 던지던 분도, 막상 나무 관이 강의실 한복판에 놓인 모습을 보자 목울대가 움직였다. 누군가는 무심히 의자를 당겨 앉았지만, 손끝은 긴장으로 조금씩 떨렸다.

의식은 사진 촬영부터 시작됐다. 영정이 될지도 모를 한 컷. 어떤 어르신은 활짝 웃으며 "난 이 웃는 얼굴로 부탁해요"라고 당부했고, 그 유쾌함에 모두 웃었지만 눈가엔 묘한 습기가 맺혔다. 곧이어 '마지막 편지'를 쓰는 시간이 이어졌다. 자녀에게 남기는 감사, 배우자에게 보내는 속삭임, 스스로에게 적는 짧은 다짐까지—봉투가 하나둘 접히자 교실엔 잠시 무거운 정적이 내려앉았다.

드디어 관이 열렸다. 신청자는 수의를 걸치고 나무 관 속으로 몸을 눕혔다. 뚜껑이 닫히자, 못질하는 소리가 세 번 울렸고 그 뒤엔 깊은 적막이 몰려왔다. 조문객으로 변신한 동료들은 관 옆에 서서, 평소엔 쑥스러워 못 했던 사랑과 미안함을 속삭였다. 몇 명의 조문객이 조사를 읊자, 눈가가 젖지 않은 이는 아무도 없었다.

관에서 나온 사람에게 우리는 물었다. "가장 먼저 떠오른 얼굴이 누구셨나요?" 대답은 늘 같았다. "아내… 자식들… 부모님…." 후회가 한꺼번에 밀려왔다는 고백과 함께, 다짐도 따라붙었다. "살아 나왔으니 당장 사랑을 표현하겠다."

차례가 다가오자 나는 호기로웠던 마음이 움츠러드는 것을 느꼈다. 관 속은 생각보다 좁았다. 뚜껑이 '쾅' 하고 닫히자, 어둠이 파도처럼 각막을 덮쳤다.

아이들 웃음소리, 부모님의 설움 어린 기침, 배우자의 따뜻한 손길이 파노라마처럼 스쳐 갔다. '좀 더 잘할걸'—단순한 후회의 문장이 가슴을 찔렀다. 뚜껑이 열리고 눈가를 덮은 안대를 걷어내자, 얼굴에는 이미 눈물로 흥건히 적셔져 있었다.

마지막까지 망설이던 한 수강생도 결국 관에 누웠다. 두려움은 눈물로 변했고, 관에서 나온 그는 잔잔한 목소리로 말했다. "이제 죽음이 그리 무섭지 않네요. 준비됐습니다." 작고한 남편을 향한 듯한 그 속삭임에 우리는 저마다 고개를 끄덕였다.

체험을 마친 후 나눔 시간―"관 안에 있으니 삶이 선물처럼 느껴졌다", "죽음을 맛보고 나니 사는 법이 쉬워졌다"―라는 소감이 이어졌다. 서로의 손을 맞잡으며 "남은 날을 더 뜨겁게 사랑하자"하는 약속도 오갔다.

교수님은 조용히 마무리했다. "살아서 관을 경험한 사람은 드뭅니다. 오늘을 기점으로, 남은 인생을 새로 받은 선물로 여기며 사십시오." 그 순간, 우리는 하나의 의례를 함께 통과한 동지처럼 눈빛을 나눴다. 죽음을 정면으로 응시한 1시간 남짓의 경험이, 오히려 삶을 향한 애정을 불씨처럼 지핀 것이었다.

그날 집으로 돌아가는 길, 노을은 유난히 선명했다. 나는 하늘을 향해 감사의 기도를 속삭였다. 죽음을 미리 체험한 덕분에, 내일이 더 선명하고 오늘이 더 귀하게 빛났다. 웰다잉이란 결국―죽음을 준비함으로써 현재를 충만히 끌어안는 용기였다.

6. 마무리하며

 정년퇴직 뒤 우연히 '웰다잉'이라는 말을 들은 순간부터 오늘에 이르기까지, 한 편의 섬세한 서사가 펼쳐졌다. 처음엔 강단에 섰지만, 곧 나는 가르치는 사람이 아니라 배움의 자리로 초대받은 학생이었다.

 어르신들의 굵은 눈물에서 깊은 공감을, 주름 속 미소에서 찬란한 희망을 배웠다. 손을 맞잡고 기도할 때면 죽음은 담담한 진실로 다가왔고, 배꼽 잡고 웃는 순간엔 삶의 아이러니가 눈부셨다. 그들 앞에서 나도 겸손히 마스크를 벗고 내 삶을 끝없이 성찰했다. "사랑한다"는 말을 더 자주 꺼내게 된 것도 그 덕분이다.

 믿음이 있다고 두려움이 사라지는 것은 아니었다. 그러나 "사망아, 네가 어디에 있느냐"는 말씀을 되새기며 웰다잉을 배우고 전하다 보니, 죽음은 더 이상 암흑이 아닌 '완성'으로 빛났다.

 하나님 나라로 건너가는 관문, 그 너머엔 패배가 아니라 승리가 기다린다는 확신이 마음 깊은 곳에 자리 잡았다. 웰다잉은 결국 "지금"을 충실히 살아 냄으로써 완성되는 현재형 사명임을 깨달았다.

 이제 육십을 넘어 칠십을 향해 가지만, 마음은 오히려 맑다. 창가에 핀 한 송이 꽃에도 감사하고, 친구의 안부 전화 한 통에 행복해하며, 저녁마다 기도로 하루를 접는다. 그렇게 쌓인 사소한 빛들이 언젠가 나의 마지막 순간을 환히 밝혀 주리라 믿는다. 그날, 하나님께 "잘했다, 착하고 충성된 종아"라는 음성을 듣고, 사랑하는 이들과 온화한 미소로 이별할 수 있다면 더 바랄 게 없겠다.

눈을 감고 그 순간을 떠올려 본다. 이미 건너간 이들의 온화한 손짓이 아득히 보인다. 그 손짓을 향해, 오늘도 나는 묵묵히 걸어간다. 웰리빙(Well-Living)과 웰다잉(Well-Dying) 사이, 결국 웰어라이빙(Well-Arriving)에 닿으리라는 담대한 믿음으로. 이 여정을 함께 읽어 준 당신의 삶에도, 마지막까지 향기로운 빛이 스미길 진심으로 기도한다.

울 엄마와의 소풍
- 김신주 작가

3

작가
김 신 주

❑ 소개
1. 점촌노인복지센터(방문요양,주.야간보호)센터장
2. 사회복지사
3. 대한웰다잉협회 사전연명의료 상담사.
4. 대한웰다잉협회 엔딩플랜상담사

❑ 저서
울 엄마와의 소풍 / 유페이퍼, 2025

❑ 연락처
010-6685-6610

울 엄마와의 소풍

✦ ✦ ✦ ✦ ✦

1. 울 엄마

 엄마는 평생을 믿고 의지하며 70년을 함께하신 배우자를 갑자기 떠나보내고 홀로서기를 하셔야 했다. 엄마는 강인하셔서 스스로 잘 지내실 거라 믿었고 아버지 잃은 나의 상실감만 감싸고 있었다. 그러나 엄마는 너무 약하셨다. 배우자를 잃은 상실감으로 시간이 지날수록 몸을 가누지 못하시고 약도 못 드시고 식사도 제대로 못 하셨다. 그러다 보니 보행이 어려워 화장실 가다 소변 실수를 하고 스스로 처리도 힘들어하셨다. 이상했다. 엄마는 무슨 일이 있어도 의연하셨고 강하셨고 흔들림이 없으셨기에 괜찮으셔야 했는데 왜 저러시지? 우리 엄마가?. 정말 난 엄마는 괜찮으신 줄 알았다. 나는 왜 내 아픔만 생각했을까? 그 후 집에 홈 캠을 달아 온 가족이 엄마를 관찰하고 상태를 확인해 보지만 한계가 있었다.

 가족들과 상의 후 엄마를 집으로 모시고 와 함께 지내며 장기 요양 등급을 받았다. 그 후 집에서 함께 지내며 점점 호전되어 가고 마음이 안정되셨는지 집에 가겠다고 고집을 부리셨다. 너무 완고하셨고 밭에도 가시고 마당에 풀도 뽑으며 지내시다 얼마나 답답하실지 생각이 들었다. 아버지 돌봐드리던 요양보호사 선생님께 연락

드려 엄마를 부탁드리고 싶다고 하니 흔쾌히 엄마를 모시겠다고 하셨다. 엄마는 다시 집으로 돌아가신 후 당숙모랑 작은엄마랑 삼총사의 합체로 안정을 찾으셨고 남편을 잃는 상실감을 조금씩 메워 가셨다.

집 앞 텃밭에 고구마도 심고 상추도 심고 무, 배추, 들깨 등 해가 거듭될수록 엄마의 텃밭 보물창고는 풍성해졌으며 끊임없이 수확물이 쏟아져 나왔다. 농사일이 힘겨우니 하지 않는 게 좋겠다고 만류해 드려도 고집을 피우셨다. 이유인즉 동네 가운데에 있는 밭을 가꾸지 않으면 흉물스럽다는 이유를 대시며 때에 맞게 씨를 뿌리셨다.

어쩔 수 없이 우리는 시간 나는 대로 엄마 댁을 방문하여 농사일을 거들고 생필품이나 반찬 등을 냉장고에 채워두고 출발하면서도 발이 떨어지지 않았으며 올라오는 차 안에서는 눈에 눈물이 가득 차 밖에 어디까지 나오셔서 차가 보이지 않을 때까지 손을 흔들어 주시던 엄마의 모습을 끝까지 볼 수가 없었다.

그렇게 2년 정도 혼자 생활을 하면서 차츰 밭에서도 집에서도 넘어져 여기저기 멍이 들어있어 매우 위험하다는 생각이 들었다. 자식에게 짐이 될지 걱정인 엄마는 혼자 사는 게 편하다며 당숙모도 작은엄마도 있으니, 집에 있겠다고 하셨다. 그러다 90세 생신을 기점으로 엄마에게 말씀드렸다.

엄마! 이제 추워지잖아요? 시골집에 엄마 혼자 계시면 난방을 돌려도 춥고 난방비도 아까우니 겨울만 우리 집에서 같이 지내시게요. "너 귀찮게 뭐 하러 그러냐, 난 괜찮다"고 말씀하셨지만 거의 우겨서 모시 왔다.

그러면서 우리의 동거는 시작되었다. 햇살 좋은 날엔 아파트 마당을 산책했고 비가 오면 지글지글 부침개 부쳐 좋아하시는 막걸리 한 잔씩 마시고 엄마가 노래 부르시면 난 춤을 추었다. 함박웃음 웃으시던 울 엄마 세상에서 제일 귀한 웃음인 것 같았다.

식구들이 있으니 심심치 않고 좋긴 한데 너 힘들다며 자꾸 집에 가시겠다고 집에 데려다 달라고 하셨다. 너무 간곡히 말씀하시니 진짜 불편하신가보다 함께 있는다는 건 내 욕심일 수도 있다는 생각이 들어 동생들과 상의했다.

동생들도 엄마의 마음을 충분히 가늠할 수 있기에 시골집에 모시고 가기로 했다. 가봐서 사정이 여의치 않으면 다시 모시고 오기로 하고 두 막내(7번)랑 막내(8번)가 엄마 모시고 시골 엄마 집으로 향했다. 집에 도착했지만, 막상 집에 가니 혼자 지내실 엄두가 나지 않으셨는지 차에서 내릴 생각을 하지도 않으신다고 옷이랑 엄마 물건 챙겨서 다시 올라가겠다고 엄마를 두고 우리만 도저히 갈 수가 없다며 "언니 미안해"라고 연락이 왔다.

다시 모시고 온다는 전화에 안도감이 들었고 엄마 모시고 가며 오며 마음 아팠을 동생들에게도 엄마께도 감사한 마음이 들었다. 엄마는 또 차 안에서 얼마나 많은 생각을 하셨고 얼마나 불안하셨을지를 생각하니 마음이 아팠다. 그 후로도 엄마는 집에 가시겠다고 매일매일 데려다 달라고 하셨지만, 엄마의 마음을 충분히 알기에 웃어넘길 수 있었다.

'어버이에게 좋은 것을 드리려고 생각하면 하다못해 드릴 일이 없으면 하루에 두세 번 웃는 얼굴로 대하라'
-니치렌 대성인-
내 마음을 꼭 집어 말해주는 글을 읽었다.
그때의 내 고민은 "오늘은 무엇으로 엄마의 환한 웃음을 볼 수 있을까"였다.

어느 날 엄마는 근심 가득한 얼굴로 말씀하셨다.
"너는 왜 나를 맡아서 고생하냐 집에 놔뒀으면 요양보호사가 다니는데 어떻게든 살 텐데" "그렇지요. 엄마는 혼자서도 충분히 잘 살아가실 수 있어요. 하지만 제가 엄마랑 함께 있고 싶어서 그래요. 엄마가 제 곁에서 계시니 든든하고 얼마나 좋게요. 엄마가 오시고 저에게 좋은 일이 많았거든요. 엄마는 복덩이예요."
복덩이 울 엄마 오빠나 언니들이나 동생들이 자기들 집에도 가시자고 하면 "절대 가시면 안 돼요!!" "왜?" "우리 집 복덩이가 다른 곳에 가면 복이 엄마 따라 도망가 버릴 거고 제가 엄마 보고 싶어 눈물이 나잖아요. 알았지요? 약속하셔요!!"
고개를 끄덕이시며 "그래, 그렇게 말해주니 고맙다.
 그런데 내가 여기 있다가 죽으며 너 어쩔래?"라고 또 물으셨다.
"음. 그럼, 다행이지요. 엄마 가시는 길 외롭고 두렵지 않도록 제가 안아드리고 손 꼭 잡아 드릴게요. 엄마 저는요 엄마가 우리랑 즐겁게 지내시다 소풍 떠나듯이 편안한 세상으로 가셨으면 해요. 그 길을 제가 지켜 드릴게요. 걱정하지 마셔요"라고 말씀드리니 안심된 표정으로 또 "고맙다"라고 말씀하셨다.

천상병 시인의 시처럼
'아름다운 세상 소풍 끝나는 날
아름다웠더라'
고 생각하시길 바란다.

2. 울 엄마는 빵순이

 엄마가 집에 오지 않았더라면 어떤 생각으로 삶을 사셨는지 어떤 음식을 좋아하셨는지 진짜 생선 대가리와 생선 꼬리를 좋아하셨는지 고기가 싫어 안 드셨던 건지조차도 몰랐을 것이다. 이렇게 함께 살다 보니 울 엄마는 생선 대가리 와 꼬리가 아닌 노릇하게 구워진 부드러운 생선 살을 좋아하셨고 회 초밥을 좋아하셨고 참치회를 좋아하셨고 갈비도 불고기도 맛나게 잘 드셨다.

특히 빵 종류를 좋아하셔서 맛있다는 빵집을 거의 찾아다니며 동생들과 손녀딸들이 사다 날랐다. 나비 페이스트리를 잘 드셔서 매번 7번 동생이 담당했고 케이크와 롤케이크를 막내가 담당했다. 엄마 덕분에 나도 원 없이 먹었다.

우리 큰딸은 그런 할머니를 위해 에그타르트와 스콘 등을 굽고 여러 가지 부드럽고 달콤한 빵들을 구워냈다. 처음 드셔 본 빵들이 입맛에 맞으셨는지 이런 거를 돈 주고 사 먹는 거냐 하시며 금방 구워 따뜻한 에그타르트가 맛있다, 맛있다 하시며 맛나게 드셨다 그 후로도 큰딸은 할머니의 맞춤 빵을 신나게 구워 드렸다.

엄마를 모시고 동생들과 함께 맛있다는 식당을 찾아다니며 매우 행복하고 즐거웠다. 그러나 그것도 잠시 엄마는 점점 아파트 산책도 어려워지고 외출 시에는 휠체어를 타고 이동하셔야 해서 어려움은 있지만, 이 시간도 잠깐 지나갈 시간이기에 안타까워 동생들과 자주 외출했다.

맛나게 잘 드시던 음식도 점차 줄어 현재는 생크림 케이크, 촉촉한 카스테라와 삶은 계란 등을 음료와 함께 드시고 작은아이가 끓여드리는 죽을 점심에 드신다. 작은딸은 죽 담당이고 맛난 빵 사 오는 담당이다.

엄마로 인해 우리는 더 단단해지고 더 끈끈한 자매이고 모녀이다.

집에 어린아이가 있으면 웃을 일이 많다는데 우리는 할머니 덕분에 웃을 일이 많다며 할머니의 치매로 인한 돌발행동들을 웃음으로 넘겨주는 딸들이다. 그런 딸들에게 미안하고 고맙다.

3. 엄마 약 드셔야 해요!!

 아침마다 전쟁이다. 우리 아이들은 초·중·고·대학, 직장 다니는 지금까지도 아이들을 깨워본 적이 없는데 엄마를 깨워 아침 식사하시는 것을 지켜보고 약을 드리고 출근하기란 너무나 어려운 일이었다. 엄마가 늦게 일어나시기도 하지만 큰 알약을 삼키기란 여간 고통스러운 일이 아닐 수 없었다.

 시골에서 복용하다 가지고 오신 약이 하루 13알이 넘고 가래가 심해 진해 거담 스틱까지 드셔서 하루 약만 드셔도 배가 부를 정도였다. 집을 옮기셨으니 병원도 집 근처로 옮기로 하고 동생들이 엄마를 모시고 병원에 검진도 받고 약도 정리하려고 의사 선생님과 상담했는데 다행히 의사 선생님이 불필요한 약을 정리하시겠다며 아침 두 알 저녁 3알 정도로 대폭 수정해 주셨다. 다른 분들은 약 개수가 줄면 역정을 내시고 약 많이 주는 곳으로 병원을 옮기기도 하는데 자기를 믿고 따라주셔서 감사하다는 인사를 받았다며 동생이 전해줬다. 대다수의 어르신들이 약에 너무 많은의존를 하며 살아가는 안타까운 현실이다.
 그럼에도 아침 약과의 전쟁은 계속되어 급기야 아침을 안 드시고 계속 주무시려고 하셔서 약을 못 드리고 출근할 수밖에 없다 보니 들쭉날쭉 약을 계속 드린다는 것은 무의미해졌다. 다행히 엄마는 성인병이 없어서 약을 끊어도 될듯싶었다. 94세 엄마가 약을 드셔서 치매를 늦춘들 얼마나 늦춰질까? 엄마가 아침잠을 포기하며 그 큰 알약을 삼키는 고통을 덜어 드리고 싶은 생각이었다. 난 엄마가 편하시다면 치매가 심해진다 해도 감수할 다짐을 했다.

 아침으로 드실 간단한 음식을 침대 옆 탁자에 차려 놓고 나오면 요양보호사 오실 때까지 편한 시간에 일어나셔서 아침을 드시고 쉬고 계신다. 얼마나 감사한지 약을 마음대로 드리지 않아 혹여 이상이 생기지 않나 노심초사하며 며칠을 관찰한 결과 약을 끊어도 별 변화가 없으며 오히려 가래가 없어져 훨씬 더 편안 해하셨다.

 그 후로 지금까지 약 복용은 하지 않으신다. 밤에 며칠씩 잠을 못 자고 출근하면 주위에서 걱정하며 말한다. 밤에만 수면제를 드리면 어떠냐고!!! 엄마가 밤새도록 2~3일 돌아다니시면 수면제를 드리고 싶은 유혹에 빠진다. 그러나 낮에 곤히 주무시니 엄마를 보면 수면이 부족하진 않을 것 같고 이삼일 돌아다니시면 또 3~4일 몸살을 앓으시느라 꼼짝도 못 하시고 다시 몸이 좋아지시면 또 돌아다니신다. 어차피 돌아다니셔야 한다면 낮에는 요양보호사님이 3시간 다녀가시면 집에 아무도 없으니 오히려 밤에 가족들이 있을 때 돌아다니시는 편이 훨씬 안심이 되었다.

이렇게 밤에 돌아다니시는 것도 얼마나 하시겠느냐 생각에 하시고 싶은 데로 마음 가시는 데로 맘껏 하시도록 도우며 낙상에만 최대한 신경을 쓴다. 나 편해지자고 약을 드린다는 게 죄송한 마음이 들어 견디고 있다. 그러나 그마저도 요즘엔 기력이 없으신지 하룻밤 돌아다니면 이삼일씩 앓아누우신다. 내가 잘하고 있는지 모르겠지만 엄마가 편안 해하시고 나와 우리 가족이 견딜만하면 약을 드시지 않는 그 길로 가보려 한다.

우리 아이가 물었다. 엄마는 요즘 걱정이 있다면 뭐냐고? 당연히 할머니겠지만!!! "그렇지 당연히 할머니지!!" 사람은 누구나 얼마만큼의 걱정을 가지고 살아간다는데 엄마의 걱정은 할머니만 잘 모시면 되는 거니 얼마나 좋으냐. 너희 걱정하지 않고, 먹고 살 걱정 없이 살 수 있는데, 다른 걱정할 새 없이 살아갈 수 있는 건 할머니 덕분이지 않을까? 그럼, 엄마의 1순위도 당연히 할머니겠지?? 그렇지 할머니가 계시는 날까지는 당연하지!!! 늘 우리 아이들은 뒷전이라 미안하다. 그런 엄마지만 나의 손과 발이 되어주기에 나는 직장에서도 집에서도 학교에서도 집중할 수 있다는 거를 너무나 잘 알고 있다.

4. 소정아~~~~

부르면 어디서든 나타나 나 혼자서 하기 어려운 일들을 처리해 주는 나의 슈퍼맨이다. 엄마는 나의 손이 필요하시고 난 아이들의 손이 필요하다.

 하루는 근무 중간에 외부 일을 보고 사무실에 들어가다 엄마 어찌 지내시는지 궁금해서 잠깐 집에 들렀더니 큰아이가 매우 분주하고 엄마는 바닥에 누워계셨고 집에서는 대변 냄새가 진동했다. 어찌 된 일인지 물으니, 나머지는 엄마가 하라면서도 옆에서 조잘조잘하며 도와준다.

 재택이 많아 할머니를 돌보는 시간이 많은 큰아이는 방에서 일하다 대변 냄새에 튀어 갔더니 할머니가 방바닥에 소변을 누시고 팬티 기저귀에 대변 실수를 하셔서 대충 치웠다며 별일 아니라는 듯이 무심히 말했다. 이제 엄마 왔으니, 엄마가 하라면서도 할머니를 씻겨드리고 침상 정리하는데 옆에서 도와주었다.

 다 정리한 후 아이가 얼마나 놀랐을지 미안한 마음에 "놀랐겠다. 미안하고 고마워"라고 아이에게 진심을 전했더니 "할머니가 일부러 그런 것도 아닌데 뭐가 미안해 어쩔 수 없지"라고 말하면서 중환자실에서는 남의 할머니, 할아버지도 해드렸는데 우리 할머니인데 괜찮다고 했다. 참 면목이 없었다. 큰아이는 간호사였다.

 "엄마는 엄마네 엄마를 위해서 하는 거고 나는 내 엄마를 위해서 하는 거니 미안해하지 말자"고 했다. 그 와중에도 손녀딸에게 민망하셨을 엄마도 걱정이 되어 꼭 안아드리며 그럴 수 있다고 괜찮다고 말씀드렸다.

5. 나의 든든한 지원군들

 엄마는 8남매를 낳으셨다. 딸, 아들, 뒤로 딸을 6명을 더 낳아 7공주가 되었다. 딸만 낳으니 동네 창피해서 밖에 나가기가 어려우셨다고 하셨다. 그래서 울 오빠는 태어나면서 평생 할 효도를 다 했으나 동생들이 많아 우리가 학교에 다닐 때도 그 후에도 오빠가 생활에 많은 보탬을 주었다.

 올케언니는 20년 암 투병했다. 투병 중에도 항암을 하는 중간중간에 몸 상태가 좋다며 부산에서 평택 먼 길을 보따리, 보따리 반찬거리 챙겨 엄마를 뵈러 왔다. 늘 "아가씨, 미안해요. 고마워요"라 말하며 뭐라도 해주고 싶어서 가만히 있지를 못했다. 엄마 머리를 다듬어드리고 목욕시켜 드리고 우리 어머니는 참 이쁘다며 쓰다듬어 드리며 늘 미안해하셨다. 당연히 내가 내 엄마랑 함께 사는데 언니가 왜 그렇게 마음 쓰며 미안해할 일인지 언니를 볼 때마다 마음 한켠이 시려 왔다. 너무도 착한 울 언니는 작년 여름 더위가 끝나고 가을 초입에 천국으로 가셨다. 엄마는 모르신다. 어쩌면 치매가 있어 매우 다행일 때도 있다.

 엄마가 우리 집에 오신 후로는 가까이 사는 동생들과 의견을 나누며 서로에게 힘이 되어 주려 애쓰고 있다. 내가 집을 비우게 되면 며칠씩 집에 와 나의 빈자리를 충분히 메워준다.

동생들은 언제든 불러도 언제든 달려오는 든든한 지원군들이다.

지난 설에도 음식을 잔뜩 해서 양손 가득 들고 들어오면서 "언니!!! 지금부터 휴가야 언니 집은 내가 접수했으니 빨리 짐 싸서 애들이랑 충전하고 와 파란불 될 때까지 오면 안 돼 알았지? 언니는 지금 빨간불이니 애들하고 충분히 쉬고 와" 하는 동생에게 등 떠밀려 어디를 갈까? 갑자기 숙소를 잡고 가까운 서해 바닷가로 출발했다. 우리 제부들, 동생들의 마음 씀 만으로도 이미 난 충전이 가득 되었으나 작은아이 차를 타고 우리 세 모녀는 룰루랄라 신나게 출발했다.

6. 갈등

5년 전, 안 오시겠다는 엄마를 억지로 모셔 오느라 우리 아이들과 깊이 상의하지도, 동의를 구하지도 못한 채 '내가 괜찮으면 아이들도 괜찮겠지' 하는 마음으로 엄마를 집에 모셔 왔다.
그런데도 아이들은 정성을 다해 할머니와의 관계를 다지며 잘 지내 주었다.

그러던 어느 날 아이들과 이런저런 가벼운 이야기를 하던 중에 작은아이가 할머니가 오시니 좋은 점도 있지만 우리만 살 때랑은 많은 변화가 있다며 같이 여행 가기도 어렵고 영화 한 편 보기도 어렵지만, 할머니께 잘해 드리고 편안히 해드리려고 노력하고 있다. 그러나 엄마 마음처럼 할머니를 대하기도 어렵고 자꾸 힘들고 버거워진다. 왜? 8남매 중 우리 집이어야 했는지 엄마는 우리에게 아무런 설명도 동의도 구하지 않았었다고 말했다.

 그 말을 들으니, 면목이 없고 너무 미안한 마음이 들었다. 하지만 마음과는 달리 "그러면 어떡하나 할머니가 혼자 생활하기가 어려워 밥도, 약도 스스로 챙겨 드시기가 어려운데 그냥 두고 봐야 하는 거야? 너희들은 엄마가 나이 들어 할머니처럼 너희들의 손이 필요한 상황이면 내다 버리겠다"며 빈정대버렸다. 이런 어쩌나 주워 담을 수도 없고 쓸어 담을 수도 없고 난감한 상황에 작은 아이가 엉엉 울며 엄마는 왜 자기 말을 곡해해서 듣고 마음대로 생각하냐며 서러워했다. 난 당황해서 뭔 말을 해야 할 줄을 몰라 난감해하니 큰아이가 차분히 동생의 뜻을 말해주었고 자기의 생각도 말해주었다. 어쩔 수 없이 할머니를 모시고 온건 이해하는데, 우리가 엄마를 도와 잘 모셔야 한다는 중압감이 크고 엄마랑 함께 자유롭게 외출조차 어려우니 답답하고 불편해서 그런 거라고.... 그렇지!!!

 그건 너희들의 몫이 아닌데 이런 고민을 하고 있었구나. 너무나 미안해서 가슴이 아프고 할 말이 없었다. 굳이 아이가 말하지 않아도 충분히 이해하고 남는 것을 내 마음 편하려고 아이에게 큰 상처를 주었다.

 난 아이들에겐 참 독단적이고 이기적이고 나쁜 엄마다. 그 후로도 우리 아이들은 문제행동을 하시는 할머니를 보며 간혹 짜증을 내긴 하지만 할머니 좋아하신다며 유명 빵집에 가서 빵이며 케이크 등을 사 들고 들어온다. 그리고 바쁜 엄마를 대신해 열심히 죽을 끓여 냉동실에 얼려 놓는다. 이쁘고 고마운 나의 천사들에게 이글을 빌어 엄마가 너무 미안 하다고, 그 마음을 충분히 이해하고 있고 지금보다 잘할 수 없을 만큼 잘하고 있으니 더 잘하려 하지 말라고 말해주고 싶다. 그런데도 엄마가 최고라는 딸들을 보니 울 엄마보다 내가 딸을 훨씬 더 잘 기른 것은 사실이다.

7. 나의 직업은 사회복지사다.

사회복지사로 13년 방문 요양과 주간보호센터를 운영 중이다. 그러면서 많은 어르신을 만나게 되었고 자연스럽게 죽음을 접하고 죽음에 대해 생각하게 되었다. 편안한 죽음과 숨이 끊어질 때까지도 힘겨워하는 고통스러운 죽음을 보면서 왜 그럴까? 어떻게 살아야 하나? 생각하여 답답함을 느끼고 있었는데 협회에서 교육이 있다고 하여 가보니 생소한 제목의 웰다잉에 관한 교육이었다. 웰다잉이란 뭘까? 잘 살고 잘 죽는 거라고 강사가 말씀하셨다. 잘사는 건 알겠는데 잘 죽는다는 말은 어려웠다.

95세 엄마와 함께 살아가며 매 순간 죽음을 생각한다. 과연 어떻게 엄마를 보내 드려야 할지!!! 잠을 자다가 잠결에도 엄마 숨소리를 확인하는 습관이 생겼다. 천천히 엄마의 죽음을 준비해 보기로 했다. 헤어지는 연습을 하며 사랑합니다. 감사합니다. 눈이 마주칠 때마다 꼭 안아드리면 "아 고 내 새끼 고맙다"고 하신다.

보따리 끼고 지팡이 들고 휘청휘청 누굴 찾으시며 날이 새도록 돌아다니시고 어떤 날은 밥을 해야 한다며 주방을 밤새 왔다 갔다 하신다. 어느 날엔 퇴근해 집에 가보니 엄마가 안 계셔서 여기저기 찾아다니다 보니 화장실에 누워계셨다. 난 너무 놀라 엄마 넘어지셨어요? 여쭤보니 오줌 누러 가셨는데 다리에 힘이 없어서 넘어질까 봐 누우셨다고 하셨다. 누워 있다 보면 니 가 금방 오잖아 라시며 활짝 웃으셨다. 언제부터 누워 계셨던 걸까? 눈물이 왈칵 쏟아질 뻔했다. 지난 명절에는 간식을 드리고 주무시는 거 확인하고 큰딸과 명절 장을 보러 잠깐 가까운 마트에 다녀왔다. 현관문을 여니 우리를 찾으러 나오시다 그러셨는지 현관에 넘어져 계셨다. 머리에는 상처가 크게 났지만 다행히 골절상을 입지는 않으셨다. 엄마는 매일매일 감당하기 어려운 이벤트를 만들어 주신다.

어렵고 힘든 일이지만 서로가 조금씩 불편함을 감수하며 함께한다면 한결 서로에게 짐이 덜어져 수월해질 것 같다. 엄마도 바쁜 딸을 헤아려 기다려 주시고 나 역시도 밖에 활동을 최소한으로 줄이고 엄마와 시간을 함께하려고 노력하고 아이들의 도움도 받는다. 그러면 지치지 않고 좀 더 긴 시간을 함께할 수 있을 것 같아서이다.

사회복지사로의 경험을 바탕으로 최선을 다해 편안한 환경을 만들어 드리려 하는데 너무나 부족함이 많다는 걸 느낀다. '한 아이를 키우려면 온 마을이 필요하다' 는 아프리카 속담이 있듯이 치매 엄마 한 분 모시는데 오빠, 언니들 동생들 우리 아이들 가족들 주위 모든 분의 관심으로 엄마를 좀 더 안심하고 안전하게 모실 수 있어 감사드린다.

평택대 사회복지대학원 웰다잉 전공에 지원하여 공부하게 된 계기도 엄마였다. 지금껏 인내와 헌신으로 잘살아 내신 엄마가 남은 시간 편안하고 안전하게 생활하시다 인생 끝자락의 마지막 가시는 길의 길잡이가 될 수 있도록 도움을 드리고 싶은 마음에서다.

웰다잉을 공부하며 엄마를 마지막까지 안정적이고 편안한 집에서 가족들의 따뜻한 손길, 눈길 받으며 지내시다 존엄하게 죽음을 맞이하는 웰다잉이 추구하는 방향을 잘 실천해 보고 싶다.

웰다잉을 공부하게 된 건 행운이고 기회라고 생각한다. 엄마만이 아닌 우리 어르신들이 안전히 지내시다 존엄한 죽음을 맞이하실 수 있도록 미리 준비해서 편안하게 죽음을 맞이할 수 있도록 미력이나마 돕고 싶다.

아버지를 보내 드리고 만난 웰다잉

- 김은정 작가

4

작가
김 은 정

❏ 소개
1. 평택YMCA의 EQUIP YOUTH 사업단 인성·진로강사
2. 킴스이고그램, MBTI 전문강사
3. 대학생 또래상담 지도자
4. 사회복지사
5. 요양보호사
6. 인권 상담원
7. 대한웰다잉협회 엔딩플랜 상담사

❏ 저서
1. 아버지와 사모예드 / 유페이퍼, 2025
2. 아버지를 보내드리고 만난 웰다잉 / 유페이퍼, 2025

아버지를 보내 드리고 만난 웰다잉

✦✦✦✦✦

1. 무서운 그리고 따뜻한 아버지

나는 청소년들을 만나면서 좋은 영향을 주며 의미 있는 교육을 하며 지내던 중, 아버지를 보내드리고 내 삶은 변화가 생기기 시작했다. 내 삶의 변화에서 웰다잉(well-dying)을 만나게 된 사연과 나의 삶을 정리해 보려고 한다.

나에게는 아주 엄하고 무서웠던 아버지가 계셨다. 지금은 하늘나라에서 아버지가 아끼시던 강아지, 고양이들과 행복하게 지내고 계시리라 믿는다. 어린 시절, 어머니께서 힘들어하시는 모습이 느껴져 자주 도와드리곤 했다. 그러면서 무서운 아버지의 눈치를 보며 자라야 했던 기억이 있다.

아버지께서 화를 내시는 날이면, 온 집안이 얼어붙은 듯 고요했다. 아버지의 화가 풀릴 때까지 우리는 숨조차 쉴 수 없었다. 혹시나 아버지께 혼이 날까 숨죽여 눈치만 보았고, 심지어 어머니마저 꾸중을 들으시곤 했다. 그렇게 엄격하셨지만, 자식들과 동물들을 향한 아버지의 사랑은 참으로 깊고 따뜻했다.

결혼 후 부모가 되어보니, 아버지께서 힘든 상황 속에서도 자식들에게 부족함 없이 모든 것을 지원해 주셨다는 것을 깨달았다. 키우시던 강아지와 고양이들에게는 말할 것도 없이, 동네 길고양이들에게도 따뜻한 손길을 내미셨다. 간식과 사료를 챙겨주시며 길고양이들을 마치 당신의 고양이처럼 아끼셨다. 아버지가 부르시면 언제든지 달려오는 길고양이가 4마리나 될 정도였다. 언젠가 어머니께서 서운한 마음에 "나한테도 그렇게 좀 해줘요"라고 말씀하셨더니, 아버지는 "동물들은 말을 못 하니까 더 잘 돌봐야 한다"고 대답하셨다. 그 말씀에 어머니께서는 더 이상 아무 말도 할 수 있었다고 한다.

2. 규리와 이별

우리 애들이 어렸을 때 강아지를 키우자고 졸라서 아파트에서 '규리'라는 비글을 키웠다. 규리는 정말 발랄하고 사랑스러운 강아지였다. 하지만 사냥개 본능 때문인지 집안의 물건들을 죄다 물어뜯는 바람에 골치가 아팠다. 게다가 어찌나 식탐이 강한지 뭐든 꿀꺽 삼키는 강아지였다. 그날도 우리 식구들이 먹은 치킨 냄새에 정신을 못 차리고 냅다 지우개를 삼켜버려서 수술까지 해야 했다. 어린 강아지라 수술을 견딜지 모른다는 수의사 선생님 말씀에 우리 부부는 혹시나 하는 마음에 똑같은 비글을 미리 찾아봐 달라고 부탁을 한 적이 있었다. 정말 다행히 규리는 수술을 잘 마치고 건강하게 회복하여 이전보다 더 활발한 강아지가 되었다.

더 이상 아파트에서 규리를 키우는 게 힘들어 아버지한테 맡기기로 했다. 그때 아버지께서는 강아지를 집 안에서 키워보신 적이 없으셔서 규리를 마당에서 키우시기로 했다. 그런데 그해 겨울이 유난히 추웠다. 어느날 갑자기 규리가 아프기 시작했고, 아버지께서 급하게 병원에 데리고 가셨다. 비싼 치료에 온갖 정성을 다 쏟았지만, 결국 규리는 하늘나라로 갔다. 아버지는 최선을 다해 규리를 살리려고 애쓰셨는데, 동네 분들은 강아지가 아프면 그냥 두었다가 죽으면 묻어주면 되지, 괜히 병원에 데려가 돈을 썼다고 수군거렸다고 한다. 그때 우리 애들이 너무 여려서 규리가 죽었다는 사실을 차마 말할 수 없어 더 좋은 곳으로 갔다고 둘러댔던 기억이 난다. 아버지께 규리를 보내드린 것이 결국 큰 슬픔을 드린 것 같아 지금까지 죄송한 마음이 남아 있다.

3. 아버지와 밤나무

 아버지께서는 자기관리도 철저하셔서 81세까지 드시는 약이 없으셨다. 식사도 늘 정량을 지키셨고, 집안 물건 정리부터 가계부까지 직접 쓰실 정도로 엄격하셨다. 게다가 아버지는 맥가이버(예전 TV에 나오던 뭐든지 해결하는 주인공 이름)셨다. 못 고치는 물건이 없을 정도로 손재주도 뛰어나셨고, 하고 싶은 것, 사고 싶은 것은 꼭 해보셔야 하는 막내 기질 때문에 아무도 말릴 수 없는 고집도 대단하셨다.

아버지께서는 모두 퇴직하는 60살에 넓고 험한 산을 깎아서 길을 내고 밤나무를 심으셨다. 나무를 잘 키우기 위해 모임에 들어가셔서 전국을 다니시며 공부까지 하셨다. 환경을 해치지 않고 나무를 키우는 방법을 배우시며 밤나무를 키우셨다. 하나에 집중하시면 아무도 말릴 수 없을 정도로 몰두하시며 일을 해내셨다. 내가 지금도 공부하는 것은 그런 아버지를 닮아서인 것 같다는 생각이 든다.

아버지께서는 불의를 보면 참지 못하는 성격 이셨다. 차별 대우나 불합리한 상황에서 끝까지 자신의 의견을 분명히 밝히셨다. 항상 곁에 계시던 어머니는 그런 상황들이 불편하셨다고 말씀하시지만, 아버지가 안 계신 지금은 어머니도 아버지를 닮아 자신의 의견은 당당하게 주장하신다. 나도 아버지를 많이 닮았다.

어머니께서는 늘 아버지에 대해 "남편으로서는 50점이지만, 아버지로서는 200점이니 자식으로서 잘해야 한다"라고 말씀하시곤 하셨다. 그땐 그 말씀의 깊은 의미를 잘 몰랐는데, 결혼하고 나서야 비로소 깨달았다. 부모에 대한 비난은 마치 나무의 뿌리를 흔드는 것과 같다는 것을 알고 난 후, 어머니의 그 현명함에 감탄하지 않을 수 없었다. 어머니의 고된 삶을 곁에서 지켜보고 자란 우리 4남매는 어쩌면 결혼을 망설일 수도 있었다. 하지만 어머니의 현명함과 아버지의 뜨거운 자식 사랑 덕분에 우리 모두 가정을 이루고 행복하게 잘 살고 있다.

아버지께서 돌아가신 뒤 되돌아보니, 아버지의 사랑은 집 안 곳곳에 스며들어 있었다. 우리 4남매는 모두 결혼하여 아들과 딸을 낳았고, 아버지께서는 5명의 손주와 5명의 손녀를 보셨다. 열 명의 손주에게도 사랑이 넘치셨고, 첫 손녀인 언니의 딸부터 막내인 남동생 아들까지, 명절이면 아낌없이 베풀어 주셨다. TV를 보시다가 좋은 것이 있으면 우리 자식들에게 주시려고 여러 개를 사두셨다가, 친정에 가면 꼭 챙겨주시곤 했다. 그만큼 좋은 것을 나누고 베푸는 것을 좋아하셨다.

4. 아버지가 쓰러지시다

그렇게 우리 가족에게 태양과 같았던 아버지께서 2019년 10월, 갑자기 쓰러지셨다. 급히 병원에 입원하셨지만, 사흘 만에 중환자실로 옮겨지셨고, 가족들은 마음의 준비를 해야 한다는 안타까운 소식을 들어야 했다. 어머니께서는 어찌할 수 없는 상황에 그저 하염없이 눈물만 흘리셨다.

아버지께서는 중환자실에서 여러 의료 장치에 의지하신 채 힘겹게 하루하루를 버티셨다. 그러다 가끔 정신이 드실 때면 의사 선생님께 제발 집으로 보내달라고 간절히 말씀하셨다고 한다. 의사 선생님께서 그 이유를 여쭤보시자, 아버지는 "고양이 밥 주러 가야 해요"라고 답하셨단다. 30년 넘게 의사 생활을 하신 선생님도 고양이 밥을 챙겨야 한다는 환자는 처음 보셨다며 무척 놀라워하셨다.

우리 4남매와 어머니는 번갈아 가며 아버지 곁을 지켰다. 평일 낮에는 주로 어머니와 언니, 올케들이 정성껏 간호했고, 밤에는 남동생들이 교대로 병원에서 아버지 곁을 지켰다. 나는 매주 토요일이면 병원에 가서 일요일까지 아버지의 간호를 맡았다. 신기하게도 아버지는 병원에 계시는 동안 밤낮으로 어머니만을 찾으셨다. 아마도 어머니의 손길이 가장 편안하셨기 때문이지, 자식들이 옆에 있는 것으로는 충분하지 않으셨던 것 같다.

병원에서 보호자로 환자를 간병해 본 사람이라면 그 시간이 얼마나 고되고 힘든지 알 것이다. 끊임없이 주사약이 제대로 들어가고 있는지 확인하고, 아버지가 필요하신 것을 챙겨드리고 불편함이 없도록 살피면서, 간호사 선생님들의 지시 사항까지 제대로 따라야 한다, 보호자 침대에서 밤낮으로 환자를 돌보는 일은 자식들인 우리에게도 벅찬 일이었다. 그래서 우리는 어머니마저 편찮으시지 않도록 더욱 세심하게 신경을 썼다.

병원에서 아버지 간호를 마치고 돌아오던 어느 날, 링거를 끌고 힘겹게 화장실로 향하시는 아버지 또래의 환자분을 뵌 적이 있었다. 그 모습이 어찌나 부러웠는지 모른다. '우리 아버지도 언젠가 저렇게 걸으실 수 있을까?' 하는 간절한 바람과 함께, 하염없이 눈물을 흘리며 집으로 돌아왔던 기억이 있다.

다행히도 아버지께서는 평소 드시던 약이 없으셔서, 치료에 필요한 모든 종류의 약을 사용할 수 있었다고 한다. 그렇게 약 4개월간의 입원 치료를 마치고 퇴원하셨고, 집 근처 병원에서 재활치료를 시작하셨다. 오랫동안 누워 계셨던 탓에 다리에 힘이 빠지셔서 혼자서는 걷는 것이 힘드셨기 때문이었다.

재활치료를 받으시던 중 갑자기 피부에 이상 증세가 나타나셨다. 처음에는 두드러기처럼 피부가 올라오더니, 점점 더 넓게 번져나가고 있었다. 급하게 다시 큰 병원 응급실로 가셔야 했다. 그때가 설 연휴였고, 설상가상으로 무서운 코로나19가 막 시작될 무렵이라 어머니께서 아버지를 모시고 병원을 가시며 고생을 많이 하셨다. 혹시 모를 감염에 대비하기 위해 아버지는 1인 무균실에 입원하셨다.

진단 결과, 아버지께서는 드시던 약물 부작용으로 인한 '스티븐스-존슨 증후군'이라는 병명을 받으셨다. 처음 들어보는 스티븐스-존슨 증후군은 치료가 매우 어렵고 무서운 질환으로, 젊은 사람들에게도 극심한 고통을 안겨 주는 난치병이었다. 당시 의학으로는 뚜렷한 치료법이 없어서, 환자가 힘든 치료 과정을 얼마나 잘 견디냐에 따라 결과가 달라진다고 했다. 설상가상으로 그 시기는 코로나19 때문에 보호자가 병원에 마음대로 면회를 갈 수도 없어서 더욱 안타까웠다.

아버지께서는 온몸에 발진과 딱지가 끊임없이 생겨나고 떨어지는 고통을 겪으셨다. 온몸의 피부가 마치 화상 입은 것처럼 벗겨져 소독할 때마다 극심한 통증에 힘들어하셨다. 입안도 온통 헐어서 음식을 삼키는 것조차 어려워하셨다. 코로나19로 찾아뵙기도 힘든 시기에 아버지는 홀로 간병인의 도움을 받으며 그 모진 고통을 견뎌내셔야 했다. 지금 생각해 보면 아버지의 그 엄격한 성격과 철저한 자기관리 덕분에 그 힘든 시간을 이겨 내실 수 있었던 거 같다.

5. 아버지의 퇴원

 2020년 3월 아버지는 드디어 집으로 돌아오셨다. 하지만 아직은 누워 계셔야만 했다. 병원에 입원하셔서 치료를 받으시는 동안 섬망 증세로 이상한 소리를 많이 하셨는데, 집으로 오신 후에도 섬망 증세가 남아 있어 가족들이 늘 긴장하며 지켜봐야 했다. 아버지께서 차츰 기억을 되찾으신 후, 병원에 계셨던 때를 여쭤본 적이 있었다. 그런데 아버지께서는 그 고통스러웠던 치료 과정을 전혀 기억하지 못하셨다. 우리 식구들은 아버지께서 힘든 기억을 잊으신 것을 다행으로 여기기로 했다. 그 고통스러웠던 기억은 우리만 간직하기로 했다.

 아버지와 가까이 사는 언니가 평일에는 아버지의 여러 가지 심부름을 도맡아 했고, 주말에는 나와 남동생들이 어머니를 도와 아버지 간호에 힘을 보탰다. 어머니 혼자 아버지를 돌보시기에는 아무래도 벅차서, 요양보호사님께서 오셔서 함께 아버지를 보살펴 주셨다. 그러던 중 어머니께서는 요양보호사 자격증 취득에 도전하셨다. 이론 공부는 다소 어려워하셨지만, 오랫동안 아버지의 간호를 해오신 경험 덕분에 실기시험은 수월하게 치르셨다고 하셨다. 마침내 요양보호사 자격증을 따신 어머니께서는 이제 더욱 능숙하게 아버지 간호에 전념하실 수 있었다.

 온 가족이 힘을 모아 아버지의 건강 회복을 위해 전국 각지의 좋다는 치료는 받게 해 드렸고, 몸에 좋은 음식을 구해드렸다. 아버지께서도 힘든 치료 과정을 꿋꿋하게 견뎌내신 덕분에 점차 건강을 되찾으셨다. 이제는 집안에서 휠체어로 이동하시고, 밖에서는 지팡이를 짚고 천천히 몇 걸음씩 걸으실 수 있게 되셨다. 병원에서 다른 환자들이 걸어 다니는 모습을 부러워했던 그 마음은 이제 찾아볼 수 없었고, 그 힘든 시간을 이겨 내신 아버지께 그저 감사한 마음뿐이었다.

 아버지께서 기력을 회복하시자마자 가장 먼저 하신 일은 늘 챙기시던 길고양이들을 부르시는 것이었다. 평소 아버지의 목소리에만 밥을 먹으러 오던 녀석들이 반가운 듯 달려들었고, 아버지께서는 고양이들에게 밥과 간식을 챙겨주신 후 마당에서 키우시는 두 마리의 사모예드 보리와 벤지도 살뜰히 보살피셨다. 특히 벤지는 아버지께서 직접 어미 개 보리의 출산을 도우며 태어났기 때문에 더욱 애정이 깊었다.

아버지께서는 점차 건강을 되찾으시면서 마당에 나무들을 손수 가꾸시고, 새로운 취미로 애플수박을 키우시는 등 활기찬 모습을 되찾으셨다. 하지만 건강이 좋아지실수록 마당에서 키우는 두 마리 커다란 사모예드에 대한 걱정이 커지셨다. 지팡이와 휠체어에 의지해야 하는 상황에서 덩치도 크고 힘도 센 사모예드 두 마리를 빗질하고 산책시키는 것은 현실적으로 너무나 어려운 일이었기 때문이다.

우리 식구들은 주말마다 부모님 댁에 가서 사모예드를 돌보며 함께 시간을 보냈다. 워낙 강아지들을 좋아하는 터라, 주말이면 온 가족이 나서서 녀석들의 털을 빗겨주고 산책도 시켜주곤 했다. 마침, 그때 TV에서는 유명한 훈련사님이 전국을 돌아다니며 강아지를 키우는 가정을 방문하는 프로그램이 인기리에 방영되고 있었다.

아버지께서는 그 프로그램을 보시면서 마당에서 키우는 두 마리 사모예드 걱정을 더욱 많이 하셨다. 예전처럼 녀석들을 제대로 챙겨주지 못하는 현실을 안타까워하셨다. 이 이야기는 얼마 전에 [아버지와 사모예드]라는 전자책에 담아 아버지께 바친 적이 있다.

그렇게 아끼시던 엄마 개 보리가 산책 중에 갑자기 쓰러져 무지개다리를 건너고, 남은 벤지마저 열사병으로 쓰러져 끝내 일어나지 못했다. 아버지께서는 깊은 슬픔에 잠기셨고, 평소 눈물을 잘 안 보이시던 분이 처음으로 가족들 앞에서 흐느끼셨다.

6. 아버지를 보내드리다

그렇게 사랑하시던 두 마리 사모예드를 모두 떠나보낸 후, 아버지의 건강은 눈에 띄게 나빠지셨고, 결국 요양병원에 입원하시기로 하셨다. 병원으로 향하시기 전, 자식들에게 어머니를 잘 부탁한다는 말씀을 남기셨다. 요양병원에 입원하신 지 불과 사흘 만에 갑자기 위독해지셔서 급히 큰 병원으로 옮겨지셨지만, 이틀 뒤 편안한 모습으로 영원히 눈을 감으셨다. 돌아가시기 전날 밤에는 힘들어하는 모습 없이 평온하게 주무셨다고 한다. 그렇게 아버지께서는 2023년 11월 30일, 우리 곁을 떠나셨다.

유난히 뜨거웠던 여름에 벤지를 떠나보내고, 매서운 겨울 추위 속에 아버지마저 보내드리면서 삶의 깊이를 다시 생각하게 되었다. 장례식에 찾아와 따뜻하게 위로를 건네주신 친척분들과 지인분들의 덕분에 아버지께서 편안히 마지막 길을 가실 수 있었다. 장례식장에서 친척들과 함께 아버지에 대한 추억을 나누고 있을 때, 작은아들은 나에게 조용히 이렇게 말했었다.

"할아버지가 살아계셨으면 얼마나 좋았을까? 여기 있는 분들과 함께 옛날이야기 나누시면서 웃으시는 할아버지 모습을 봤으면 좋았을 텐데."

그때 작은아들 말한 것이 바로 '생전 이별식'이었다.

TV 드라마 '서른, 아홉'에서 주인공은 암으로 시한부 판정을 받았다. 병세가 점점 나빠지자, 친구들에게 밥을 먹자며 약속을 잡았다. 자신이 세상을 떠나기 전에 친구들과 작별 인사를 나누기 위해 모두를 불러 모은 것이었다. 그 장면은 슬프고도 깊은 의미를 담고 있었다. 또 다른 드라마 '개소리'에서는 아버지의 부고를 알리고 고향집에서 장례를 치르는데, 갑자기 돌아가셨다는 아버지가 나타나 조문객들에게 감사 인사를 하는 다소 황당한 장면도 있었다. 그런데 며칠 뒤 진짜 부고가 왔고, 그 부고에는 아버지가 시한부였는데 생전에 꼭 친구들을 만나고 싶어 하셔서 미리 그런 '가짜' 장례식을 치렀다는 이야기와 함께 실제 장례는 지난번으로 대신한다는 내용이 있었다. 비록 드라마 속 이야기였지만, 오랫동안 잊지 못하는 인상 깊은 장면이었다.

7. 모든 잎이 꽃이 되는 가을 같은 웰다잉

아버지를 여읜 후, 간신히 일상으로 돌아왔지만, 문득문득 아버지 생각에 울컥 눈물이 나기도 했다. 그렇게 정신없이 지내던 어느 날, 2024년 2월 설 연휴가 끝나자마자 저는 갑작스럽게 병원에 입원하게 되었다. 온몸의 극심한 통증 때문에 제대로 걸을 수조차 없었기 때문이다. 하지만 각종 검사를 받았음에도 불구하고 정확한 병명을 알아낼 수 없었다. 나중에 정밀검사를 통해 허리디스크와 류머티즘 진단을 받았다.

아버지를 여읜 슬픔을 제대로 추스를 시간이 없어 몸이 먼저 탈이 난 것 같다. 나중에 알게 되었지만, 사랑하는 사람과의 사별 후 충분한 애도 기간은 대략 3년 정도라고 한다. 우리 조상들이 오랫동안 3년 상을 치르도록 했던 데에는 그만한 이유가 있었던 것이었다. 나 역시 그런 힘든 경험을 하고 나서야 비로소 주변 지인들의 사별에 대해 진심으로 공감하며 함께 아파하고 위로하게 되었다. '자신이 직접 겪어봐야 그 마음을 제대로 이해할 수 있다'는 말은 바로 이런 상황을 두고 하는 것이 아닐까 싶다.

아버지 퇴원하신 후, 요양보호사님의 도움을 받으면서 어머니뿐만 아니라 나도 요양보호사 자격증을 취득하게 되었다. 자연스럽게 노인복지 분야에 관심을 두게 되었다. 이전에는 청소년 분야에서 아이들과 함께하는 것을 좋아했는데, 아버지가 돌아가신 후로는 관심 분야가 바뀌기 시작했다. 게다가 나를 너무 사랑해 주시던 큰어머니마저 지난여름에 세상을 떠나셨다. 그렇게 두 번째 가족의 장례를 치르면서, 죽음이 우리 삶에 생각보다 가까이 다가와 있다는 것을 알았다. 흔히들 태어나는 순서는 있어도 죽는 순서는 없다고 하지 않던가. 나는 지나온 나의 삶과 앞으로 남은 여정에 대해 더 깊이 생각하게 되었다.

아버지께서 살아계실 때 더 많은 이야기를 나누고, 사진도 더 많이 찍어둘 걸 하는 후회를 하기도 한다. 아버지께서 더 많이 웃으실 수 있도록 해 드리지 못한 것, 그리고 자주 찾아뵙지 못했던 죄송한 마음 때문에 눈물이 흐를 때가 많았다. 그렇게 애써 슬픔을 누르며 하루하루를 보내던 중, 문득 내 눈에 '웰다잉'이라는 글자가 보였다. 사실 그 글자는 2024년 초부터 붙어 있던 플래카드 문구였는데, 그제야 비로소 내 눈에 띈 것이다.

나는 마침내 사회복지 분야의 웰다잉을 공부하기 시작했다. 한 학기 동안 애도 상담을 배우면서, 아버지께 해 드리지 못한 것들을 후회하기보다는 아버지와의 행복했던 추억들을 떠올려보기로 했다. 가족들이 간직하고 있는 아버지와의 소중한 순간들이 담긴 사진들로 영상을 만들었다. 젊은 시절 아버지의 모습을 보니 울컥 눈물이 쏟아졌지만, 애써 참으며 가족들과 함께 아버지의 1주기를 잘 보냈다. 그렇게 다시 한번 아버지를 깊이 애도하는 시간을 가졌고, 장례학을 배우면서 장례에 관한 법과 절차들을 알게 되었다.

'가을은 모든 잎이 꽃이 되는 두 번째 봄이다.' 제주도에 갔다가 우연히 본 글귀가 내 발목을 잡아 사진을 찍은 적이 있었다. 아버지가 그토록 아끼고 사랑하셨던 사모예드 벤지와의 이야기를 담은 전자책[아버지와 사모예드]을 출간했다. 벤지와의 아름다운 추억을 떠올리며 사진을 모으고 글을 쓰는 동안, 나는 다시 한번 아버지를 깊이 추억하며 애도하는 시간을 가질 수 있었다. 이렇게 돌아가신 아버지의 두 번째 꽃을 피워드리고 싶다.

8. 모든 사람의 웰다잉을 위해서

 사람들은 흔히 죽음이 자신과는 거리가 먼 이야기라고 생각하지만, 절대로 그렇지 않다. 불과 작년 2024년 7월 1일 밤 9시 26분, 서울 시청역에서는 고령 운전자의 운전 미숙 사고로 안타깝게도 9명의 소중한 생명이 앗아지는 교통사고가 발생했다. 희생자 중에는 서울시청 공무원 2명, 신한은행 본점 소속 직원 4명이 포함되었으며, 30대 4명, 40대 1명, 50대 4명 모두 남성이었다고 한다. 특히 시청 직원 중 한 분은 그날 상을 받고 저녁을 식사 후 사무실로 돌아가던 길이었고, 신한은행 직원 한 분은 막내의 승진을 축하하는 저녁 식사를 마치고 귀가하던 중 변을 당했다고 하여 더욱 안타까운 사연이었다. 또 같은 해 12월 29일 오전 9시 2분, 무안국제공항에서는 태국 방콕에서 돌아오던 비행기가 착륙 장치를 내리지 못해 동체 착륙을 시도하다 둔덕과 충돌하며 폭발하는 사고가 발생해 탑승객 175명 전원 사망하는 충격적인 사건이 있었다. 희생자 중에는 10세 미만 어린이 5명, 10대 9명, 20대 10명, 30대 16명, 40대 32명, 50대 40명, 60대 39명, 70대 24명, 그리고 신원미상 2명이 포함되어 있었다. 모처럼 가족들과 여행을 마치고 돌아오던 길에 변을 당한 분들이 많아 더욱 가슴 아픈 소식이었다. 이처럼 우리 인생을 누구도 예측할 수 없는 것이다.

 'well-dying'이라는 단어는 '죽음'을 의미하는 'dying' 때문에 많은 오해를 하기도 한다. 당장 살아가는 것도 버거운데 죽음까지 생각하느냐는 시선들도 적지 않다. 하지만 웰다잉의 진정한 의미는 예측할 수 없는 미래의 어느 날, 맞이하게 될 죽음을 준비하며 현재를 더욱 가치 있게 살아가는 데 있다고 생각한다.

 우리가 혹시 모를 사고에 대비해 보험에 가입하는 것처럼, 웰다잉도 우리 삶을 미리 준비하는 것이다. 죽음에 대해 깊이 이해하고, 죽음 이후 절차들을 차근차근 준비하는 것이 웰다잉이다. 나는 아버지와의 아름다운 추억을 마음껏 애도하고, 이제는 내가 살아온 과정들을 정리하며 천천히 이별을 준비하려고 한다. 또한 내 주위 사람들에게 웰다잉을 실천하고자 한다,

웰다잉과 함께 하는 삶
- 김종윤 작가

5

작가
김 종 윤

□ 소개
1. 대한 웰다잉협회 전문강사, 엔딩플랜 상담사
2. 평택대학교 대학원 웰다잉학과 2학기
3. 대구대 지역사회개발복지 행정학 박사학위
4. 유니온 사회복지 운영교수
5. 홍익뿌리교육연구원 교수
6. 사회복지현장 33년 근무중

□ 저서
1. 복지는 나의 행복 / 유페이퍼, 2025
2. 고령자 일상생활 스트레스가 우울과 적응 유연성에 미치는 영향 (논문)
3. 노인 자원 봉사자 만족도 향상을 위한 연구 (논문)

웰다잉과 함께 하는 삶

✦ ✦ ✦ ✦ ✦

1. 건축에서 상실 공간이란?

 나는 금령 김 씨 27대손으로, 부모님과 함께 4남 1녀의 가정에서 형님 두 분과 남동생과 여동생이 있는 셋째 아들이었으며, 백제의 수도인 공주시 웅진동이라는 곰나루의 전설이 있는 농촌 마을에서 성장하였다.

 곰나루가 있는 그곳은 우리에게 놀이터이고 축구장이며, 물고기와 조개를 잡는 추억의 공간이지만, 웅진(熊津)은 백제의 수도이었으며, 금강의 나루터는 물물교환이 성황을 이루고 객사가 많은 공주로 들어가는 중요한 북쪽 관문이다. 나루터 뒤편에는 연미산(燕尾山)이 가로막고 있으며, 이 산에는 지금도 큰 굴이 있는데, 오랜 시간을 올라가면 처녀가 된 곰 한 마리가 살고 있었다.

 가족이 없어 외로웠던 곰은 동굴 밖으로 나와 솔숲을 거닐던 중 어부 총각을 만났다. 곰을 본 어부 총각이 놀라 기절하자, 곰은 기절한 총각을 자신 굴로 데려가 정성을 다하여 간호했으며, 기력을 회복한 총각이 내보내달라고 애원하자, 곰은 친구가 되어달라고 애원하였고, 곰은 총각을 굴에 가두고 사냥을 나갔으며 함께하는 많은 시간 속에서 어느덧 처녀 곰은 총각의 아이를 갖게 되었고, 둘 사이에는 두 명의 반웅반인(半熊半人)의 새끼가 태어났다.

 어느 따스한 봄날에 외롭지 않아 안심한 곰은 굴 입구를 막는 것을 잊고 사냥을 나갔고, 그 틈에 총각은 강변에서 배를 타고 강을 건너고 말았다. 곰은 울부짖으며 새끼를 강물 쪽으로 밀어 넣으며 "가지 말고 돌아와 줘요!"라고 외쳤지만, 총각은 배를 타고 멀리 떠나갔고, 곰과 새끼는 물에 빠져 죽었다.

 그 후 한동안 인근에서 농사를 지어도 흉년이 들었고, 나룻배가 수시로 뒤집혀 사람이 죽는 일이 발생하였다. 이러한 이야기를 들은 백제의 왕은 곰의 영혼을 위무하기 위해 사당을 지었다고 한다.

 우리 가정은 토지개혁 이전까지 마을에서 부유한 집으로, 부여에서 농사지은 쌀가마를 수레가 줄을 서서 들어오는 적이 있었다고 말하는 동네 어르신 이야기를 들은 적이 있다. 여동생은 오빠 네 명을 둔 막내로서 경제적으로 풍족한 환경 속에서 자존감이 높은 환경에서 사랑스럽게 성장했다. 그녀는 동네 남자아이들과 구슬치기, 딱지치기, 땅따먹기 등 놀이에서도 누구에게도 뒤지지 않는 활발한 성격을 지니고 있었으며 가족 모두에게 항상 기쁨과 사랑을 가득하게 받은 것으로 기억한다.

 무엇보다 셋째 오빠인 나는 건축학과에 다니면서 대학생선교회에 가입하였고, 여의도 순복음교회 친구의 전도로 신앙생활을 시작하였으며, 자연스럽게 여동생에게 기독교 서적을 구입하여 제공하고 신앙생활을 하도록 하였다. 어느 날, 여동생이 친구들과 연극을 하고 싶다고 하여 대본을 구성하여 주었고, 마을회관에서 최초 공연을 하도록 하였던 것이 오빠 역할의 좋은 추억으로 기억되고 있다.

그리고 다음 해(1982년) 여름 방학 시간에 항상 어린 시절 공차고 헤엄치고 얼음 치기, 물고기 잡기 등 많은 추억이 있는 곰나루에서 여동생과 사촌 동생 상실을 경험하게 된다.

그날 아침에 여동생에게 집안 청소를 하라고 하였는데, 말 잘 듣는 아이처럼 깨끗하게 청소를 하고 친구와 놀려 갔다. 나는 여름방학 중이라서 시골집 마루에 앉아 잠들어 있었는데, 갑자기 숨이 넘어가는 듯하게 허겁지겁하게 달려오는 소리에 일어나서 보니, 여동생 친구가 급하게 와서 여동생이 강물에 빠져 있다고 도와 달라고 한다.

아니 무슨 말인가 정신을 차리고 나서, 단숨에 급하게 뛰어가서 빠진 자리를 보니, 아무것도 없지만 잠수하여 찾아보기 시작하였다. 강물 바닥을 뒤지면서 찾아보았으나, 찾지 못하였고, 숨을 몰아쉬고 2번째 좀 더 깊은 곳을 잠수하여 보았다. 어둠 속에서 발견할 수 없었고, 한없이 기침하면서 물에 나와 두렵고 어찌할 수 없는 상황에서 낙망하여 한없이 울고 있는 시간에 갑작스럽게 소나기가 오고 바람이 불어오고 있었으나 소낙비에 나의 얼굴을 적시고 있었으나, 나의 몸과 마음은 얼어붙어 있었다.

시간이 지나서, 마을 사람들의 도움으로 여러 시간이 지난 후에 배를 강에 띄워서 그물을 이용하여 물에 빠져서 부어 있는 뽀얀 동생의 시체를 볼 수 있었고, 두 손으로 안고 물에서 나와 백사장에 누이고 한없이 어찌 할 수 없는 아픔을 안고 눈물을 하염없이 흘리고 있었다. 현장에서 누군가의 도움으로 집에 왔으나, 불안한 마음속에서 하나님에게 기도하면서 방법을 찾고 있었다.

그 후 죽음에 대한 불안과 하나님에 대한 원망도 많이 하였으나, 나 자신보다 엄마를 먼저 걱정하고 있었다. 나보다 힘들 것이라는 생각이 앞서게 되었고, 주변 사람들의 도움을 요청하면서 목사님과 대학생선교회 간사님의 상담을 통해 의미를 찾고자 하였으나 속상한 마음뿐이었다.

왜 하나님은 예수님을 믿기 시작한 어린 동생을 데리고 가셨는지 묻고 또 물어보았으나, 아무런 답변이 없었다. 이곳에서 나는 하나님의 선하심을 이해하고 신뢰하려는 마음과 그분의 뜻을 받아들이기 어려운 현실 사이에서 갈등하고 있는 자신을 기억하고 있다.

동생을 잃은 아픔에서 주변 사람들에게 중보기도를 요청하였고, 교회를 다니면서 할아버지를 모범적으로 잘 공경하고 있는 큰 고모님과 근거리에 있는 교회 최 권사님, 대학생선교회 간사님에게 기도 부탁을 하였다.

 엄마와 아빠, 그리고 할아버지가 예수님을 믿음으로 여동생을 잃은 슬픔에서 극복할 수 있어야겠다는 간절함으로 큰고모님 오시고, 목사님과 권사님이 함께하는 위로 예배에서 아버지가 큰 결심을 하셨다. 나는 나중에 교회에 갈 것이니, 할아버지를 모시고, 엄마는 교회 가라고 하신다. 하나님이 가족 구원의 역사를 이루어 가심을 감사하며 기쁨을 감추지 못하였고 주일에 할아버지와 엄마를 모시고 집 위에 있는 동네 작은 교회 출석하여 기도하고 찬양하고 있는 순간이 이곳이 천국이라는 생각을 갖게 하였습니다.

 현실에서는 막내 여동생이 존재하지 못하고 있다는 사실이 인정되지 않고 속상하였고, 왜 하나님은 어린 나이에 동생을 데리고 가서 가족 구원을 시작하였는지 묻고 또 물어보았던 기억이 있다.

 건축과 3년에 재학 중인 본인은 학교에서의 건축대전을 준비하기 위해 마스터플랜 조에 속하여 여름방학 동안 합숙이 시작되었다. 건축과 친구들과 "건축과 역사"라는 주제를 가지고 준비하는 과정에서 사람의 흔적이 의사소통에서 문화로 발전하는 개념을 찾게 되었다. 문화예술회관이라는 공간에 사람의 흔적을 통해 소속감을 느낄 수 있는 공간적 분위기를 건축설계에 반영하고자 노력하였다.

낮에는 운동장에서 놀고 야간 시간에는 모여서 작업을 하는 시간 속에서 부모님 상실의 아픔과 여동생에 대한 사별 슬픔을 잊고 학교생활에 전념하였다.

그러나 그 과정에서 엄마를 생각하여 보면, 슬픔 감정 표현을 억제하는 아버지의 성품으로 인해, 마음속으로 많은 시간을 참으면서 할아버지를 모시고 농사일과 가사 등 다양한 일속에서 힘든 시간을 홀로 감당하셨다. 과중한 일과 중복된 스트레스는 위암이 생기고, 당뇨가 발생하였다고 생각하여 마음이 매우 아프다. 4년 후에 엄마가 위암으로 인해 돌아가는 사건 속에서 막내 여동생으로 인해 자녀를 잃은 충격을 이기지 못하고 병이 되어 돌아가시게 되었다고 생각한다.

한 가족에서 한 사람의 죽음은 연쇄적인 아픔을 주고 적절한 지지가 내외부에서 제공되지 않으면 중복되는 스트레스로 인해 이른 죽음에 이르게 되었다. 한 가족 구성원의 죽음이 다른 가족 구성원들에게 얼마나 심리적, 정서적, 신체적 영향을 미칠 수 있는지 알 수 있다.

가장 큰 슬픔은 엄마에게 있었으며, 슬픔의 표현과 억압된 감정, 여동생의 죽음으로 시작된 상실이 어머니에게 큰 충격과 스트레스를 주었고, 적절한 지지와 위로가 부족했다는 것을 시간이 지난 후에 알게 되었다.

그리고 자신은 여동생의 사별 슬픔을 학교생활과 건축 대전 준비에 몰입하는 방식으로 회피하려 하였으며, 이는 잠시 슬픔에서 벗어나는 데는 도움이 되었지만, 억눌린 감정은 잠재의식에 40년간 나에게 있었다는 것을 애도 상담 과정을 통해 확인할 수 있었다.

 엄마와 상실 경험하고, 할아버지도 2년이 지나서 교회 생활을 하고 죽음을 맞이하는 과정에서 아빠가 신앙생활을 하게 되었지만, 감사보다 왜 우리 가족에게 큰 고통을 주시는지 하나님에게 자주 기도하였던 적이 있다. 그 후 막내 여동생은 외롭게 공동묘지에 비석이 없이 묻혀 있다가 화장하여 강에 산분 하였다고 한다.

 여동생을 잃은 슬픔은 건축설계를 통해 자신의 꿈을 가지고 있었던 것에서 사회복지로 전환하는 것에 많은 영향을 주었고, 나는 점차 사회복지로 눈을 돌리게 되었다.

 여동생에 대한 기억과 가족의 죽음을 보게 되면서 죽음에 대한 두려움과 두 차례의 가위눌림을 경험하게 되었다. 자신에도 죽음이 있다는 생각으로, 미로 속에서 길을 잃은 듯한 절망 속에서 나는 '나는 어떤 인생을 살아야 하는가?'라는 근본적인 고민을 하게 되었다.

 이때 '하나님은 형제를 사랑하고 계시며, 놀라운 계획을 갖고 있다'는 사영리 문구를 통해 누구에게 사랑을 받고 목적 있는 삶이 중요함을 생각하게 되었다.

나는 자신에 맞는 색깔을 갖고, 타인을 모방하지 않는 삶을 살아야 한다는 목표가 되었다. 모방을 통한 성장과 변화가 있지만, 자신의 색깔을 가지고 살아가는 것은 무엇일까? 자신에게 질문하고 방황하였다. 휴학하고 군에 입대하였으나, 삶에 대한 의미와 정체성을 찾는 일은 어려움이 있었고, 시간의 흐름 속에서 변화하고 형성되어 간다는 것을 이후에 알게 되었다.

복학하여 졸업하고 건축설계를 대학원에서 공부하고 싶었으나, 부모님에게 도움을 구할 수 없는 상황이었다. 스스로 자립계획으로 건축직 공무원 7급 시험에 합격하여 공무원 경험으로 건축사가 되는 목표를 가지고 기술직 시험을 준비하게 되었다.

우선 경제적 자립을 위해 소방직 공무원이 되어 수원소방서에 근무하게 되었다. 응급상황에 화재 출동과 위기 상황에서 출동하여 병원 후송을 돕는 일이 자신에게 타인을 위해 봉사하는 부분이 적합하다는 것을 알게 되는 시간이었으며, 보람되고 의미 있는 일이라는 것을 알게 되었다.

소방직 13개월 근무 후 퇴직금을 가지고 기술직 공무원 시험에 집중하겠다고 선언하였고, 독서실 생활을 2년간 하였으나, 시험 준비에 대한 집중력이 부족하였고, 무엇을 해야 하는지 고민하면서 자신을 돌아보는 시간을 갖게 되었다.

 1989년 12월 26일, 독서실 2층에서 스티로폼에 의지하여 잠자리하고 건축 현장에서 자재 정리하는 일을 하며 주어진 돈으로 학생 식당에서 밥을 먹고, 언젠가는 공무원 시험에 합격하여 건축가로서 성공하겠다는 꿈이 있었다. 그러나, 두 번의 낙방에서 작아지는 자기 모습을 보고 자기 점검을 하기 시작하였다.

 지나온 30년 세월을 돌아보면서 시기별 국민학교 시절에 가장 기억하는 친구는 누구이며, 어떤 꿈을 가지고 있었는지, 그리고 중학교에 가는 작은 산으로 이어지는 지름길, 좋은 친구, 그리고 꿈은 고등학교, 대학교, 군 생활, 소방공무원 생활, 공무원 공부하는 시기를 시계열적으로 정리하여 보았다.

 교회를 다니면서 하나님에 대한 목사님의 설교 노트를 정리하였고 2일간 시간을 투자하여 무엇인가 결과를 보고자 하였으나, 손에 잡히는 것은 없었다. 그러나 모두가 알고 있는 사실로써 시간이 어린 시절보다 청년이 되어 가면서 더 빠르게 지나가고 있다는 사실을 인지하게 되었다.

 지나온 30년을 통해 나는 앞으로 30년은 어떻게 살아야 할까? 고민하였고, 자신이 주관하는 삶에서 하나님이 주인이 되는 삶을 살아야 하지 않을까 고민하면서 잠에 들었다. 다음 날 아침에 눈을 뜨면서 무엇인가 자신이 새로운 사람이 된 것 같은 느낌을 갖게 되면서 이것은 무엇일까 몸이 가볍고, 상쾌한 기분은 좋은 일이라고 생각하였다.

하나님이 주인이 된다는 생각이 내재화되어 마음의 평강을 맛보는 경험을 하고 있는 것이었다. 현실은 모든 것이 불안하고 불확실한 환경이지만, 하나님이 허락하시면 무엇이든지 해야 한다는 작은 믿음이 시작되었다.

지인의 권유로 합동신학교에 입학원서를 제출하였으나 면접에서 탈락하였고, 청강할 수 있어 2개월 동안 신학교에서 신학생들과 함께 교수님의 강의를 듣고 기도하는 시간을 갖게 되었다. 그러나 목회자의 사명에 대한 확신이 없어 기도원에 가서 믿지 않는 영혼에 대한 간절함이 있는지 확인하기 위해 1박 2일 일정으로 기도하였으나, 자신에게는 목회자로서 영혼에 대한 사랑이 없다는 점을 알고, 담임목사님에게 신학 공부를 하는 것은 개인적인 욕심이라고 신학 공부를 중단하였다.

그 이후 교회에서 청년부 회장직을 맡았고, 여름 수련회 준비에서 '그리스도 안에 거하자'라는 주제로 교육을 준비하면서 내 안에 주인이 하나님이라는 사실을 인정하고, 그 안에서 맺어가는 열매가 하나님이 기뻐하는 일이라는 신앙이 형성되었다.

담임목사님의 권유로 무의탁 노인을 돌보는 무료 양로원 사역을 시작하게 되었고, 그때부터 사회복지 일을 본격적으로 시작하여 지금까지 33년 동안 이 길을 걸어오고 있으며, 사회복지 현장에서 50년 이상 근무하는 것을 목표 노력하고 있다.

2. 조건없이 사랑하기.

 무의탁 노인을 돌보는 무료 양로원에 대한 약속을 담임목사님과 교인들에게 1990년에 서약하였다. 2년이라는 시간에서 배우자를 만나서 결혼 전에 앞으로 무의탁 노인을 돌보는 무료 양로원에서 평생 사역에 대한 약속을 설명하고, 결혼하게 되었다.

 그리고 작은형님이 하는 건설업에 도면 작업 및 현장 업무에 도움을 주면서 언젠가는 계획된 무료 양로원에 가서 일해야 한다는 생각을 가지고 있었다. 1992년 5월에는 가족의 염려와 반대 있었지만, 강원도 횡성군 청일면 유평리 375번지에 백일이 지난 이쁜 딸을 데리고 아내와 함께 이사하게 되었습니다.

 작은 시골집에서 생활하면서 강원도에서 생산된 낙엽송 원목을 저렴하게 구입하여 껍질을 벗기고 전기 대패로 통나무를 깎아서 기둥을 만들었다. 담임목사님과 많은 경성교회 성도가 참여하여 원목을 가공하여 건축 목재로 만드는 일에 자원하는 마음으로 함께 하였다.

하루의 일과는 이른 아침에 포크레인 예열을 위한 시동 거는 소리와 함께 일과가 시작하여 아침 식사 전 일과 낮에 일과 저녁 시간에는 전등을 설치하여 최대한 시간을 만들어 집중하여 6개월 시간으로 그해 12월 30일 준공필증을 많은 사람의 수고와 하나님의 은혜로 받을 수가 있었습니다.

점심 후에는 개울가에 가서 수영하고, 맛있는 수박과 옥수수, 감자 등 풍성한 간식은 힘든 건축일의 어려움을 잊게 하여 주었다. 통나무가 바로 세워야 오래가고 효용성이 높다는 건축 전문가 OOO 집사님의 아이디어로 모든 나무가 세워서 하중을 받게 하고 적절하게 철강을 사용하여 보강하는 효율성이 높은 공법으로 저렴한 공사비로 완공할 수가 있었다. 항상 담임 목사님과 건축 전문가는 야간 시간에 어떻게 건축하는 것이 좋은지 토의하였고, 구상된 방법을 하나님에게 도움을 구하면서 건축이 순조롭게 진행되었다.

바닥면적이 75평으로 다락방이 있는 2층 목조 건축물이 완성되어 아침 안개 속에 갇혀서 햇빛에 따라 그 모습을 드러내면 자연 속에 하나가 되어 아름다운 건축물로 자리하고 있었던 것으로 기억하고 있다. 자신의 꿈인 건축설계를 대학원에서 공부하지 못하였지만, 현장에서 건축을 도우면서 아름다운 건축물을 경험하게 되었다.

무엇보다 건축은 내부 공간과 외부 공간에 대한 유기적 연결이 중요하고 자연과 함께하는 자연 속에 건축물이 필요 목적에 따라 공간 구성과 의미 있는 활동으로 쓰임이 매우 중요하다.

 선한 사랑의 실천을 담은 건축 공간은 자연소재 낙엽송 통나무의 자연적인 질감의 지원을 받고, 조건 없이 자원하는 사람들이 도움과 지역사회 어려운 사람을 돕는 일, 주어진 토지에서 자연에 순응하는 무농약 재배는 아름다운 공간이고 환경이라고 본다. 선한 뜻으로 일하는 공동체는 뒷산의 배경에 잘 어울리는 공간으로 내부 공간과 외부 공간이 사랑으로 연결된 유기적인 아름다운 건축 공간이라고 해석한다.

 횡성에 있는 경성 목양관은 야고보서 1장 27절 말씀을 기억하고 있다. "하나님 아버지 앞에서 정결하고 더러움이 없는 경건은 곧 고아와 과부를 그 환난 중에 돌아보고, 또 자기를 지켜 세속에 물들지 아니하는 이것이니라".

 우리는 하나님에게 조건 없이 사랑을 받았고, 조건 없이 사랑을 나눔에 수고하여야 한다고 개인적으로 해석하고 있으며, 노인 복지 현장에서 실천하는 사역을 할 수 있는 소중한 시간이었다. 교회에서는 외부 모금이 없이 교회 내에서 절약하고 모이는 헌금을 생활비로 보내 주었고, 매주 1회 목사님과 교인들이 방문하여 함께 음식을 하고, 시설에 있는 어르신들을 위로하고, 농사 및 주변 일을 돕는 일을 지속적으로 하여 주셔서 상호 간에 신뢰가 형성되고 아름다운 공동체를 만들어 갈 수 있었다.

장기요양 보험제도가 시행되기 이전의 일로 무의탁 노인으로 생활이 어려운 대상자를 추천하여 주시면 합리적인 심사를 통해 오시면 자부담 없이 평생 돌봄을 받는 요양원으로 운영되었다.

지역사회 불우한 가정과 암 환자 등 대상자에게 땔감 나무 지원, 난방비 지원, 반찬 만들어 제공하기, 과일 등 사랑의 나눔 활동을 통해 지역사회 한 구성원으로 자리매김을 할 수 있었다. 그리고 외부의 자원봉사와 후원금 및 활동을 외부 대상자에게 분배하였으며, 미흡한 부분은 경성 목양관에서 추가적인 지원을 통해 집수리 등 다양한 봉사활동을 할 수 있었다.

그 안에서 하나님의 도움과 하나님의 은혜라는 사실을 전하게 되었고, 시간이 지나면서 교회에 출석하는 동네 분들이 생기고, 자연스럽게 선한 봉사활동을 통해 지역사회에 복음이 전파되는 일을 하게 되었다.

사회복지 현장에서 일하며 많은 죽음을 경험하게 되었다. 특히 무의탁 노인 10명 정도 어르신을 모시고 생활하는 동안, 집에서 장례 전문가를 모시고 염습하고, 가족 묘지로 허가를 받아 매장하는 일과 동네 주민의 반대, 무의탁 노인을 장례하면 영혼이 떠돌고 마을에 해가 된다는 인식으로 인해 어려움이 있었으나, 군에서 조성한 공설묘지를 활용하여 지역 주민과 갈등을 해결할 수 있었다. 자녀가 없어도 그 시기 정서적으로 외롭지 않도록 화장하지 아니하고, 개인별 매장으로 장례 예배드리며 흙을 덮는 의식에서 참석한 사람들은 자신도 화장으로 버려지지 않고 존엄한 죽음을 도와준다는 생각으로 더욱 신뢰감을 가지며 평온하게 살아가는 모습을 보았다. 이 경험을 통해 죽음을 준비하는 것이 인생을 의미 있게 살아가는 방법이라는 것을 알게 되었다.

어르신들의 다양한 임종을 곁에서 지켜보는 과정에서 '인생을 잘 살아야 한다'라는 깊은 교훈을 반복적으로 배우게 되었다.

3. 소중한 사람과 함께 하는 것.

노인복지 현장에서 33년 동안 많은 임종을 보고, 죽음이 단순한 끝이 아니라 새로운 의미를 지닐 수 있다는 것이다. 각당복지재단에서 운영하는 '삶과 죽음을 생각하는 회'에서 웰다잉 강사 과정에서 죽음학 등을 공부하게 되었다. 처음에는 죽음을 정면으로 마주하는 것이 두려웠으나, 죽음을 준비하는 과정이 오히려 삶을 더욱 빛나게 한다는 사실을 알게 되면서 사회복지의 완성이라고 생각하게 되었다.

죽음을 통해 상실의 아픔과 의미를 찾게 되는 습관이 나에게 시작되었다. 왜 죽음으로 다시 보지 못하고 함께 생활하지 못하는 것이 큰 스트레스이며, 일상생활을 어렵게 만드는지를 깨닫게 되었다. 여동생을 잃은 엄마의 스트레스는 결국 위암과 뇌경색으로 이어져 편마비까지 겪으며 힘든 시간을 보내셨고, 결국 돌아가셨다. 힘든 과정에 함께하지 못했던 나에 대한 아쉬움과 죄책감을 기억하고 있다.

그러므로 상실의 슬픔으로 힘들어하는 사람에게는 함께하는 것이 가장 큰 위로가 되고 실질적인 도움이 된다는 것을 깨달았다. 경성목양관에서 24시간 노인들의 안전을 책임지며 헌신했던 17년 시간 동안, 가족을 찾지 못하고 돌보는 어르신들과 함께하며 그들의 삶을 지켜야만 했다. 이로 인해 아버지와 가족 친지들에게는 불효자로 비칠 수도 있었지만, 자녀 없이 양로원에서 지내시는 분들에게 안전하고 행복한 삶을 제공하는 것이 나에게는 의미 있는 일이었다. 그 시간은 신앙적으로도 하나님께서 교회를 통해 불우 이웃을 돌보는 사역을 맡기셨다는 자긍심을 갖게 한 값진 경험이었다.

경성목양관 사역을 하면서 개인적인 어려움도 많았고, 처가 집에서는 4명의 딸과 1명의 아들이 있는 가족 구성 속에서 막내 처남의 죽음을 맞이하게 되었다. 이를 계기로 평택으로 이사하여 장인과 장모님을 모시고 교회에 출석하게 되었다. 장례식 3일 동안 함께하며, 4명의 아들과 1명의 딸이 있는 부모에게 막내 자녀의 상실이 얼마나 큰 충격과 스트레스인지 돌아보게 되었다. 아내의 부모님이 처남의 슬픔을 이겨낼 수 있도록 함께하는 것이 필요하다는 것을 깨닫게 되었고, 이러한 과정 속에서 다양한 욕구를 반영하여 평택으로 오게 되었으며, 이후 대구대학교에서 사회복지 박사과정을 공부하게 되었고 학위를 받고 졸업하였으며, 학생들에게 복지 현장의 경험을 이론과 함께 강의 하게 되어 의미 있고 보람된 시간이었다.

이 과정에서 남성에게 생리적으로 발생하는 갱년기를 경험하면서 상담을 받고 자신과 싸움에서 이기기 위해 주어진 24시간을 최대한 활용하여 사회복지사 1급 준비, 대학원 과제물 발제 준비, 요양원 근무, 사회복지 실습생 지도 및 요양보호사 실습생 지도, 사례관리, 프로그램 계획 및 진행 등, 새벽 시간에 신문과 우유배달을 하면서 우울증과 갱년기를 잘 극복할 수 있었다고 생각한다. 나는 이 기간에 가장 잘한 것은 장인과 장모님 집에 자주 방문하고 식사하고, 작은 집수리 등을 도와드리면서 소중한 사람과 함께 하는 것이 행복이고 가장 의미 있는 일이라는 것을 배우게 되었다. 나와 가장 많은 시간을 보내는 아내에게 아침 식사 전에 성경 말씀을 보면서 하루를 시작하는데 마무리 기도에서 당신을 존중히 여기며, '사랑합니다'라는 직접적인 표현을 할 수 있었고, 이는 상호 간에 신뢰 형성에 많은 도움을 주었으며, 노인복지 현장에서도 좋은 기분으로 일하는데 도움이 되었다고 본다.

노인복지 현장에서 많은 죽음을 목격하면서 어떻게 살아야 하는지 고민하게 되었고 홍익뿌리 교육연구원에서 인성교육을 위해 논어, 맹자, 명심보감을 강의하는 학습모임에 참여하였으며 14년간 지속되고 있는데 자신이 내린 결론은 나의 가장 가까운 사람을 사랑하고 예쁘게 생각하고 표현하는 것이라고 하여 배우자에게 실천하면서 살아가고 있다. 지나온 시간을 돌아보면서 예쁜 여동생을 사별한 경험이 나에게는 큰 충격을 주었지만, 생각이 변화하고 적응하면서 새로운 인생의 길을 걸어가고 있다. 평택으로 이사하여 대구대학교 사회복지 박사학위를 받고, 웰다잉을 학습하면서 날마다 변화하고 있는 자신을 보면서 노화 진행에 대한 두려움이 있지만, 자신에게 하나님의 계획된 삶을 걸어가고 있다는 사실을 인지하게 되면서 마음에 평안을 갖고 학습을 할 수 있어 감사하다.

4. 아름다운 복지는 웰다잉이다.

아름다운 것은 착한 것의 다른 형태이다라는 말이 나의 책상 유리판에 있다.

2025년 올해는 초고령사회 진입한 한해이며, 자신에게도 65세의 나이에 접어들면서, 나는 인생의 마지막 단계에 대해 깊은 성찰을 하게 되었다. 33년간의 노인복지 현장 경험은 나에게 많은 것을 가르쳐 주었고, 이제는 웰다잉에 대한 공부가 필요하다는 생각이 들었다. 웰다잉은 단순히 죽음을 준비하는 것이 아니라, 삶의 질을 높이고 의미 있는 삶을 살기 위한 과정으로 아름다운 복지이다.

아름다움과 착함의 관계를 설명하는 철학적 이론은 고대 그리스 철학에서부터 현대 철학에 이르기까지 다양하게 많다. 플라톤은 아름다움과 착함이 본질적으로 연결되어 있다고 주장했으며, 그의 이데아론에서 모든 물질세계의 사물들은 이상적인 형태인 '이데아'의 불완전한 복제물이라고 설명한다. 플라톤은 '선의 이데아'가 가장 높은 이데아로, 진정한 아름다움은 선함과 결합하여 있다고 보았다. 즉, 아름다움은 선함의 표현이며, 진정한 아름다움은 도덕적 가치와 함께 존재해야 한다는 것이다. 현대 철학에서도 아름다움과 착함의 관계는 여전히 중요한 주제이다.

 예를 들어, 일부 현대 철학자들은 아름다움이 도덕적 선의 표현으로 간주 될 수 있다고 주장합니다. 이들은 아름다움이 인간의 도덕적 행동을 유도하고, 사회적 가치와 연결된다고 봅니다. 이는 사회복지가 행복한 삶을 만들어 가기 위해서는 선을 이루고자 하는 사회 구성원의 노력이 요구되고 있다. 또한, 아름다움이 인간의 감정적 경험과 깊은 연관이 있다는 점에서, 착함이 아름다움의 한 형태로 이해될 수 있다고 설명합니다. 아름다움이 도덕적 선의 표현으로 사회복지에 적합한 표현이라고 개인적으로 해석한다.

 현대 사회에서 복지의 개념은 단순히 생존을 위한 최소한의 지원을 넘어, 개인의 삶의 질을 높이고 존엄한 삶을 영위할 수 있도록 돕는 방향으로 발전하고 있다. 이러한 맥락에서 웰다잉은 단순한 죽음의 준비를 넘어, 삶의 마지막 순간까지도 품위 있고 의미 있게 마무리할 방법으로 주목받고 있다. 웰다잉은 아름다운 복지의 중요한 요소로 자리 잡고 있으며, 이를 통해 우리는 보다 나은 사회를 만들어 갈 수 있다. 아름다운 복지는 웰다잉을 통해 실현될 수 있으며, 우리는 죽음을 단순한 끝이 아니라, 삶의 자연스러운 과정으로 받아들이고, 이를 준비하는 방법을 배워야 한다. 웰다잉은 개인의 존엄성을 지키고, 삶의 질을 높이는 중요한 요소이며, 사회 전체의 복지 수준을 향상하는 데 이바지할 것이다. 따라서 우리는 웰다잉 문화를 확산시키고, 이를 위한 정책적 노력을 강화해야 합니다. 아름다운 복지는 웰다잉에서 시작되어 완성되고 있다.

대구대에서 '고령자의 일상생활 스트레스가 우울과 적응 유연성에 미치는 영향'이라는 주제로 행정학 박사학위를 받았으며, 시간강사로 학생들을 가르치는 것이 정년으로 강의를 할 수 없는 시점에 평택대학교에서 웰다잉 사회복지 대학원 과정을 신설하여 관심이 집중되었다.

평택대학 교회를 다니면서 자주 접하는 현수막을 마음에 두고 있었는데, 이는 주변 환경과 밀접한 관련성이 있다. 평택으로 이사하게 된 동기가 처남을 잃은 장인과 장모님의 어려움을 도와드리는 것이었다. 차량으로 10분 이내 거리에서 15년간 자주 찾아뵙고 식사하고 사소한 일에 도움을 드리면서 생활하였다. 장인 어르신이 아파트 노인정 총무도 하시고 작은 텃밭에 고구마, 호박, 열무, 상추 등을 심어서 가족과 주변 사람들에게 나눔을 하면서 잘 생활하셨다.

그러나, 2021년 7월에는 운동하러 나가서 기립 저혈압으로 넘어져 머리를 다치게 되었고, 구토와 어지럽고 식은땀을 보여 굿모닝병원 진료를 받고 퇴원하셨다, 뇌출혈로 인해 신체적 균형에 기울어짐이 발생하고 혼자서 방향 감각을 잃고 실종하게 되어 경찰 도움으로 3시간 만에 발견하게 되는 사례가 발생하여 장기 요양 등급을 신청하여 가족 요양으로 장녀인 아내가 오후 시간 집중적인 요양 돌봄이 시작되었다.

치매가 진행되어 일상생활이 어려운 점을 아내와 3명의 처제와 장모님의 돌봄으로 집에서 3년간 생활하실 수가 있었다. 시간에 따른 치매 증상은 계속 진행되어 단어를 잃어버리게 되면서 그것으로 시작되는 단기 기억장애와 신체적 기능 상태가 떨어지면서 한 가지 음식만 드시고, 이동이 불편해서 넘어지는 일이 자주 발생하고, 침상 생활하는 시간의 증가와 기저귀 도움을 받으며 가족과 함께하는 시간은 소중하고 행복한 시간이라고 생각한다. 사랑하는 가족이 함께하는 것만큼 좋은 환경이 없고 편안함을 주는 최고의 복지 환경이라고 본다. 고열과 가래가 많이 발생하여, 집에서는 돌봄이 힘든 상황에서 입원 전에 담임목사님의 심방을 통해 예수님을 영접하고 굿모닝병원 입원을 하면서 치료를 2주간 받았으나, 마지막에는 손을 억제하고 호흡기에 의지하여 시간을 보내고 계셨다.

장인 어르신이 임종하는 과정에서 각당복지재단에서 웰다잉 수업을 받은 것이 기억되고 무의미한 연명치료보다 가족 함께 보내는 것이 필요하다고 판단하여 처제들과 상의하여 병원에서 집으로 모시고, 자녀들과 함께하는 20시간이 의미 있게 소중하게 보내드리게 되었다.

퇴원 후 담임 목사님의 심방 예배와 아내와 자녀들이 야간 시간 함께 하면서 손발을 씻어드리고 사랑한다는 감정 표현을 하게 되었고, 다음날 낮에는 소중한 아내와 딸들이 지켜보는 오전 시간에 편안하게 눈을 감고 소천하게 되었다.

맏사위로서 장인어른 침대 옆에 이불을 펴고 하룻밤을 지내면서 이별이라는 상실의 슬픔은 충격적으로 큰 스트레스가 되고 있지만, 올바른 죽음의 의미를 부여하여 해석을 잘하는 것이 매우 중요함을 알게 되었다.

장례식이 진행되는 과정에서 사회복지에 웰다잉이 필요하고 중요함을 인지하게 되어 장례식이 마무리되고 나서 사회복지 대학원 웰다잉학과에 등록하여 사별과 애도 상담, 장례학, 호스피스 총론, 웰다잉 프로그램을 배우고 있다.

배움의 목적은 실천함에 있다는 것을 기억하며, 노인복지 현장에서 좋은 사회복지사로서 존엄한 삶을 살아가도록 도움을 주고 자신이 도움이 필요할 때는 도움 받는 것을 부끄러워하지 않는 사람이 되고 싶다.

건축을 사랑하고 자연의 초록을 좋아하는 나는 사회복지사로 나의 삶을 준비하게 하였고, 지금도 노인복지 현장에서 사회복지사로 감사하고 있다.

무엇보다 웰다잉을 통해 죽음이라는 것이 삶의 한 부분으로 중요하게 자리하고 있으며, 의미 있는 자신의 삶을 살아가도록 도와주고 있다는 것을 알게 되었다.

건축이라는 공간이 생활하는 사람에게 안식처이고 의미 있는 공간이라면, 웰다잉은 나의 삶이라는 공간에 행복이고 사회복지는 더욱 윤택한 삶을 도와주는 일이다.

오늘도 다시 한번 모두에게 감사하며, 행복하고, 사랑하고, 의미 있는 시간이 되기를 소망한다.

사부작사부작 나의 웰다잉

- 문선화 작가

6

작가
문 선 화

❏ 소개
1. 희망이룸 대표
2. 대한웰다잉협회 웰다잉 전문강사, 엔딩플랜 상담사
3. KODA 장기조직기증원 생명나눔 전문강사
4. 한국자서전출판협회 자서전출판지도사
5. 소상공인공단 희망리턴패키지 재취업 전문강사, 사업정리컨설턴트
6. 고용센터 구직자취업역량강화 프로그램 진행 전문강사
7. 광주교육청 진로취업 전문강사
8. 법무부 소년보호위원회 교육위원

❏ 저서
1. 늦은 시작은 없다, 당신의 꿈을 응원합니다 / 유페이퍼, 2024
2. 내 삶을 바꾼 귀인 / 창조와 지식, 2025
3. 내 삶의 감사일기 / 창조와 지식, 2025
4. 진솔한 삶의 이야기 자서전 쓰기 / 피플북, 2025

❏ 연락처
인스타 @moonsunhwa13
블로그 https://blog.naver.com/msh3964

사부작사부작 나의 웰다잉

✦✦✦✦✦

1. 내 마음을 들여다보기로 웰다잉의 시작

　무의식이라도 좋은 말을 듣기를 바라는 나의 바람은 틈나는 대로 유튜브에 올라온 강의들을 틀어놓는다. 그 강의들 중 "공부 중에 가장 중요하고 큰 공부가 마음공부라며 나를 잘 들여다 보아야 남의 마음도 보인다"라는 강의를 들은 적이 있다.

　그렇게 들여다본 나의 마음속에는 행복했던 기억보다 누구에게도 풀어놓지 못한 많은 상처들을 안고 지고 있었다. 궁핍하거나 힘들게 살아온 것도 아닌데 왜 나는 행복했던 기억보다 아픈 기억들이 많은가를 들여다보기 시작했다.

　글을 쓴다는 것은 상상도 하지 못했던 내가 자서전을 쓰기 시작하면서 그저 흘려보냈던 나의 인생을 하나하나 들추어보며 나의 마음을 보기 시작했다.

　그리하여 잘 살아온 나를 보듬고 위로하고 쓰다듬어 주기 시작했다. '내 마음을 돌보는 것' 이것이 나의 웰다잉의 시작이었다.

2. 아버지의 사전 연명의료 의향서

나는 웰다잉 전문 강사이지만 사전 연명의료 의향서 상담사이기도 하다. 복지관에서는 교육을 통해, 인근 지인들에게는 사전 연명의료 의향서에 대한 설명을 하고 의향서를 받아 등록한다.

그런데 정작 우리 부모님에게는 사전 연명의료 의향서에 대해 말씀을 드리지 못했다. 이유는 간단하다. 부모님과 형제자매들에게 오해를 살까 봐서이다. 하지만 '연명의료 의향서를 작성하셔야 하는데' 하는 마음은 간절했다.

그런데 아버지가 폐렴으로 한달 가량 입원했다가 퇴원하는 날 나에게 집에 가서 엄마를 태우고 보건소를 먼저 들르자고 하셨다. 가시는 길에 보건소에 왜 가자고 하시냐고 여쭈었더니 연명 의향서를 등록하러 가야 된다고 하셨다. 깜작 놀랐다.

아버지가 입원해 있는 동안 간병인은 아버지가 92세인지라 중환자실에 있는 환자들이 얼마나 끔찍하게 하루하루를 기계에 의지한 채 죽지 못하고 목숨을 이어가고 있는지를 매일 말씀하셨다고 한다.

자꾸 그런 말을 듣다 보니 자신이 중환자실에서 기계가 온몸을 칭칭 감고 있는 모습이 떠올라 너무 끔찍했다는 것이다. 처음에는 연명의료를 받지 않겠다고 하면 치료도 제대로 받지 못하고 죽을까 봐 걱정이 되었는데 매일 간병인에게 연명의료에 대해 듣다보니 퇴원하면 보건소부터 들러서 연명의료 의향서부터 작성해야겠다고 결심하셨다는 것이다. 우리 부모님은 그렇게 사전연명의료의향서 등록을 하셨다.

막상 아버지가 급성신부전으로 중환자실에 갔을 때 아버지가 등록한 사전 연명의료 의향서를 가족들도 동의하느냐는 의사의 물음에 그러겠다고 선뜻 말하지 못했다. 옆에 계신 어머니가 환자의 뜻이 그렇고 배우자도 동의한다고 말씀해 주셔서 연명치료를 하지 않고 중환자실에 3일 있다가 임종실로 옮기게 되었다.

중환자실의 기계들에 둘러싸여 있지 않았어도 임종실에서의 아버지는 고통스러우셨다. 산소호흡기와 산소마스크도 너무 답답하다고 자꾸 빼시는 바람에 간호사가 손을 묶는 사태까지 발생한 것이다. 의식은 뚜렷하신데 양손을 묶어 놓으시니 아버지는 더 고통스러워하셨다. 그래서 우리가 24시간 산소마스크를 지킬 터이니 묶지 말아달라고 했다.

우리 형제자매들은 그렇게 임종실에서 아버지를 2주 가량을 24시간을 돌아가면서 지켰다. 사전에 작성하신 사전연명의료의향서 덕분에 아버지는 임종의 길을 가족들이 함께 할 수 있었다. 모든 가족들의 기도와 마지막 인사를 받고 신부님과 수녀님의 천상의 성가 소리를 들으며 웃으면서 편안하게 가셨다.

아버지가 돌아가셔서 슬픈 가운데 우리는 또한 행복했다. 아비지가 혼자 고통스럽고 외롭지 않게 형제자매들이 임종을 지킬 수 있었기 때문이다. 그 어느 때보다 아버지에게 많은 이야기를 할 수 있었다.

그리고 91세까지 일을 하셨던 고단했던 아버지의 얼굴을 쓰다듬고, 손과 발을 어루만지며 아버지의 몸을 쓰다듬으며 그간 노고가 많으셨다고, 우리 아버지이셔서 너무나 감사했다고 이야기 할 수 있었다.

아버지가 작성해놓으셨던 사전연명의료의향서 덕분에 아버지는 가족들이 지켜보는 가운데 외롭고 두렵지 않으며 존엄하고 품위있게 임종을 하셨다.

3. 엄마에게 하고픈 질문

우리들의 블루스라는 드라마를 본 적이 있다. 다양한 사람들의 삶이 모인 것이 나의 삶이었다. 극중 인물인 김혜자와 이병헌 모자의 이야기는 나의 속마음에 '어머니에게 묻고 싶은 말은 무엇이었을까?'를 생각하게 했다.

이병헌의 어머니는 아들에게 엄마를 엄마라고 부르지 못하게 해가면서까지 병든 아내가 있는 남자의 재취로 들어갔다. 그런 어머니를 30년 넘도록 미움과 증오를 쌓아왔다. 아들이 죽음을 앞둔 어머니에게 30년 넘도록 묻고 싶은 말을 "엄마는 그동안 내게 미안한 적은 한 번도 없었어?"였다.

그런 아들의 질문에 엄마가 한 대답은 이거였다. "미친년이 어찌 미안함을 알겠냐?"였다. 그 순간 아들의 30년 넘은 원망과 증오가 눈 녹듯이 사라졌다.

내가 우리 엄마에게 하고 싶었던 질문은 이것이었다.
"엄마가 57년 동안 내 귀에 들려준 말은 '아프다', '입맛 없다', '속상하다'였는데, 엄마는 살아오면서 좋았던 적은, 행복했던 적은, 아름다운 것을 본 적은 한 번도 없었어?"

부모님이랑 맛있는 것을 먹으러 가려 하면 '아프다', '입맛 없다'라는 말부터 꺼내는 엄마를 보면 가고 싶은 마음이 없어지고, 내가 밥맛이 없어지고 내가 속상해졌다. 그래서 엄마에게 나도 모르게 친절하지 않게 대했다. 그렇게 엄마랑 있다가 돌아오는 날이면 나도 너무 속상했다.

그런데 막상 엄마에게 이 말을 하고 보니 엄마는 그런 날들이 없을 수도 있겠다는 생각이 들었다. 너무 늦게 결혼해서 자식들을 많이 낳아 키우느라 정신없었다. 자식들은 자기들 사느라 부모를 건사할 여력이 없었다. 그래서 부모님 모시고 여행을 많이 다니지도 못했다.

이제 시간도 경제적인 여유도 생겨 어머니 눈에 아름다운 것도 보여드리고 어머니 귀에 예쁜 새소리도 들려드리려고 모시고 다닐까 했더니 비행기는 아예 못 타고 차를 장시간 타지도 못하신다. 무엇보다 자신의 두 다리로 거동을 잘못하셔서 휠체어를 밀고 다니는데 그런 우리를 너무 고생시켜 미안하다고 하신다.

어머니와의 놓쳐버린 삶에서, 나는 앞으로 살아가야 할 삶의 방향을 배운다. 내 딸들과 함께 아름다운 것을 많이 보고, 좋은 소리를 많이 들려주리라. 내가 이 세상에 없을 때, 우리 아이들이 나에 대해 어떤 기억을 할지를 다시금 생각해 본다.

4. 나를 행복하게 하는 것은

나를 행복하게 하는 것은 따뜻한 믹스커피 한 잔이다. 아침에 믹스커피 전용 커피잔에 달달한 믹스커피 하나를 타서 마시면 목구멍에 넘어가는 그 고소함과 달달함에 너무 행복하다. 그런데 어느 순간 믹스커피를 멀리하기 위해 노력을 하고 있다. 점점 두꺼워지는 뱃살 때문이다. 두꺼워지는 뱃살로 인해 나를 행복하게 하는 것을 멀리하며 심지어 나의 뱃살의 책임을 온전히 믹스커피 한 잔에 묻고 있었다.

나를 행복하게 한 것이 많지도 않은데, 그것을 지키기 위해 다른 노력을 하기보다 행복하게 해주는 것을 없애기 위해 노력하고 있는 내가 보였다.

나의 삶에서 그런 오류를 범하고 있는 것이 믹스커피 한잔 뿐이지는 않다. 아이들이 잘 살고 행복하길 바란다는 이유로 아이들이 하고자 하는 많은 것을 포기하게 만들며 살아오지는 않았는지를 되돌아본다.

다행인 것은 우리 아이들은 자신들이 원하는 것을 쟁취하기 위해 나와 많은 부분을 투쟁을 해왔고 대부분 아이들이 승리를 했다. 그래서 내 딸들은 하고 싶은 것을 하면서 살고 있다. 그래서 하루하루가 행복하다고 한다.

오늘 행복한 사람이 어제도 행복했고 내일도 행복할 것이다. 자신들이 하고픈 것을 하기 위해 나와 싸워 이겨 준 아이들에게 감사하다.

인생을 살아보니 아이들이 힘들지 않을 수 있다면 힘겹지 않게 살게 해주고 싶었다. 그래서 불필요한 장애물을 피하게 해주고 싶었고 힘든 것을 굳이 넘지 않아도 되니 넘지 말라고 했다. 그런데 아이들은 굳이 장애물을 넘는다고 했고 힘든 길도 가보겠다고 했다. 결론은 아이들의 선택이 맞았다.

장애물을 넘기도 하고 돌고 돌아서 늦게 가면서 아이들은 많은 것을 보고 듣고 느끼고 성장했다. 기나긴 인생에서 조금 돌아가면 되고 조금 늦게 도착하면 어떤가?

다양한 재능을 가진 둘째 딸은 자신이 하고자 하는 일을 찾느라 또래들보다 조금 늦게 가고 있다. 그리고 드디어 찾았고 그것을 이루기 위해 어느 때보다도 열심히 살고 있다. 자신이 어떤 것을 했을 때 행복한지를 이미 안다.

그리고 기특하게도, 대학생인 지금 나와 함께 살고 있지만 정서적으로나 경제적으로 독립하여 진정한 자립을 이루어냈다. 내가 50세가 넘어서야 깨달은 삶의 이치를, 내 딸들은 20대에 이미 깨닫고 스스로 찾아내고 있었다. 나도 나를 행복하게 해주는 믹스커피 한 잔만큼은 지켜야겠다.
이것이야말로 웰다잉을 위한 웰리빙이었다.

5. 시간을 내어 준다는 것은

부모님께 가장 감사한 일은 내 동생들을 내 동생들로 만들어 준 일이다. 그래서 아버지의 임종 때 그런 동생들을 주심에 진심으로 감사했다.

노환으로 아버지가 설사를 아주 심하게 하셨을 때다. 어머니와 요양보호사로는 감당이 안되셨다. 입퇴원도 반복했다. 아버지가 정신이 너무 맑으셔서 자신의 몸을 간병인이나 요양보호사에게 맡겨 씻기는 것을 못하게 하셨다. 그래서 어머니가 주로 하셨는데 어머니도 너무 힘드셨다. 언니도 일본에서 건너와서 1달씩 있다가 가곤 했지만 문제는 언니가 돌아갔을 때이다.

생계형인 나는 그렇게 부모님 집에 며칠씩 머물면서 아버지를 케어 할 수가 없었다.

서울에 사는 여동생이 조카가 기숙사에 들어가니 월요일 새벽 KTX를 타고 내려와서 목요일 저녁에 올라가는 식으로 아버지를 돌보면 남동생과 난 주말에 돌봤다. 또 서울에 사는 남동생이 여동생 쉬게 하고 자신이 며칠 휴가를 내어 와있었다.

예전 같았으면, 서울에 사는 동생들이 온다고 하면 조금 더 부모님 가까이에 사는 내가 가면 된다고 하며 오지 말라고 했었다. 그러나 부모님 두 분의 입·퇴원이 잦아지면서 돌봐야 하는 일이 점점 부담스럽게 다가왔다. 나도 생계를 위해 일을 해야 하는 입장인지라, 기꺼이 동생들에게 시간이 될 때마다 오라고 하여 부모님과 함께하는 시간을 갖게 했다.

그리고 그렇게 부모님과 함께한 시간들이 있었기에, 아버지를 떠나보내는 순간에도 미련이나 여한 없이, 슬프지 않게 잘 보내드릴 수 있었다.

내가 동생들이 아버지와 함께할 수 있는 시간을 빼앗지 않은 것이 얼마나 잘한 일이었던지.

아버지의 마지막 남은 시간과의 싸움 속에서, 아버지와 함께하기 위해, 그리고 돌보기 위해 모든 형제가 각자의 방식으로 할 수 있는 한 최선을 다해 시간을 내어 주었다.

상대방에게 가장 필요한 그 순간, 나의 시간을 내어 주는 일은 참으로 큰 보시(布施)였다.

6. 꼼지락꼼지락 혼자가 아닌 함께

"아프고 고통받는 사람을 상대로 해서 돈을 버는데 어떻게 그런 돈을 함부로 쓸 수가 있어"라고 한 어른!
"이 사회의 것을 너에게 주었으니 갚아야 한다고 생각한다면 내게 갚지 말고 사회에 갚아라"라고 한 어른!

장학금을 줄 때도 받는 사람을 배려해서 공적인 자리보다 아버지로부터 용돈을 받듯 그렇게 부담스럽지 않게 조언이나 어떠한 당부도 없이 그냥 그렇게 받았다고 장학생들은 말한다.

딸에게 선물하나 사주면서 이때가 교육의 기회다 싶어 잔소리를 늘어놓았던 나를 돌아보았다. 아이들에게 용돈이나 선물을 주면서도 '돈을 받았으니 난 할 말 해야겠다는 의지와 돈을 받았으니 당연히 너는 내 말을 들어야지.'라는 생각이었던 것 같다. 자식에게조차 돈의 힘을 빌려 가르친다는 명목으로 권력을 행사한 것이다.

내 자식들이 살아가는 세상에 "이 사회는 보통 사람이 지탱하는 것이다"며 힘든 청년에게 위로를 건넬 수 있는 어른이 한 분이라도 있어서 너무 다행이고 위로가 되었다.

나도 많은 구직자들에게 일자리를 찾도록 진심으로 시간을 내어 도와주는 사람. 마음이 따뜻한 그런 사람이라고 자부해 왔었다. 나름대로 나의 삶이 다른 사람들에 비해 사람들을 돕는 일을 하며 잘 살고 있다며 만족했다. 그런데 어른 김장하를 만나면서 나를 다시금 바라보았다.

김장하 선생님은 "부끄럽지 않게 살도록 노력해왔는데 아직도 부끄럽다. 남은 세월 더 부끄럽지 않게 살겠다."라고 하신 말씀에 나는 매우 부끄러웠다. 김장하 선생님은 그러한 길을 '처음부터 많이' 가 아닌 '사부작사부작, 꼼지락꼼지락'했다고 표현하셨다. 생각만 하고 '나는 안 되겠지' 가 아니라 '사부작사부작' 사람들에게 도움이 되는 일을 생각해보았다.

혼자 하려니 일이 많아 엄두가 나지 않아 시작조차 못 하고 있는 일이 있다. 바로 사람들에게 자서전을 쓰게 하는 교육이다. 복지관 등에서 웰다잉 교육의 하나로 '자서전 작성하기' 교육을 진행하면 자서전에 대한 수요는 있었지만, 편집부터 디자인까지 시간과 노력이 많이 들어가는 일이라 엄두를 내지 못했다.

일이 많고, 모든 것을 혼자 해야 한다고 생각하니 힘들었던 것이다. 그래서 생각을 바꿔, 다른 사람들과 교육 시간을 나누어 진행하는 방식으로 전환하기로 했다. 강사 몇 명을 양성하여 함께 일을 나누면, 나도 시간적인 부담을 덜 수 있고, 강사들에게도 새로운 일거리를 줄 수 있다. 이에 따라 몇 명의 강사를 양성할 계획을 세웠고, 며칠 후 바로 시작할 예정이다.

'여러 사람이 함께하는 일자리 만들기'부터 사부작사부작 시작해 보려 한다. 죽는 순간, 나의 삶이 부끄럽지 않도록 "잘 살다 간다."라고 말할 수 있도록, 그리고 그렇게 더불어 잘 살아갈 수 있도록, 일을 나누어야겠다.

8. 묵은 습관 하나 버리고 얻게 된 성취감

올해 들어 나의 목표 중의 하나는 오래된 고치지 못하는 습관 하나를 고치는 것이다. 불교에서는 오랜 묵은 습관 같은 것을 업이라고 한다. 오래 묵은 습관을 기존에 하던 습성과 다른 방법으로

행하면 업력이 바뀐다고 한다. 그래서 나도 아침잠이라는 묵은 습관 하나를 바꾸어 나의 업력을 바꾸고 싶었다.

아침저녁으로 5분 명상에 책 1장 읽고 3-4줄 글쓰기부터 시작했다. 적은 분량의 목표를 세우고 지금까지 꾸준히 해오면서 조금씩 명상의 시간을 늘려가고 있다. 그리고 먼슬리 플래너에 매일매일 명상과 책 1장 읽은 것을 채워나갔다. 먼슬리 플래너의 칸이 하나하나 채워지는 것을 보는 성취감에 매일매일 꾸준히 해나가고 있다. 아침잠이라는 게으름의 묵은 습관 하나는 이렇게 고쳐가고 있다.

무엇보다 매일 책을 한 장이라도 읽으니 그 한 장이 나의 하루 삶에 대한 묵상이기도 했다. 감명 깊은 구절을 먼슬리 플래너에 작성해 보고, 하루 일기도 몇 글자씩 적어보았다. 그랬더니 나 자신이 성찰이 되기도 했다. 나를 객관화 시켜서 바라봐지기도 했다. 삶에 대한 성찰이 되었고 나의 내면의 부정적인 감정들이 청소가 되어지는 효과도 있었다.

성공한 모든 사람이 하나같이 매일 20분 만이라도 시간을 내어 "명상하고, 책을 읽고, 쓰라"고 한 말이 이해가 된다. 이 좋은 것을 왜 그리 안 하고 살았을까?

요즘 나는 안방 좌탁에 책 두 권을 펼쳐 놓았다.

명상을 마친 후, 두 권을 1장씩 읽으니 동시에 두 권의 책을 읽어나가고 있는 셈이다. 나로서는 가장 습관 들이기 어려운 일을 요즘 해내고 있다.

게다가 '건강한 육체에 건전한 정신이 깃든다'는 슬로건 아래, 주 2회 요가와 필라테스도 하고 있다. 또한 파크골프를 함께하자는 모임이 있어, 파크골프채부터 구매했다.

이제는 "할까 말까"를 고민할 시간적 여유조차 없다.

주어진 일이라면 '바로 지금, 단 한 번이라도' 하는 마음으로 실행에 옮기고 있다.

이런 하루하루가 쌓여, 웰다잉으로 향하는 나의 웰리빙의 삶이 되고 있다.

오늘도 감사한 하루

- 이현정 작가

작가
이 현 정

❏ 소개
1. 대한 웰다잉협회 전문강사, 엔딩플랜 상담사
2. 보건복지부 사회복지정책 상담사
3. 사전연명의료의향서 상담사
4. 웰다잉 심리 상담사
5. 노인 통합교육 지도사
6. 노인 미술 심리 상담사
7. 사회복지사
8. KODA 생명존중 생명나눔 전문강사
9. 前 KBS 웰다잉 지도사 과정 전임강사

❏ 저서
1. 지하철 지금 하늘 철들기 / 유페이퍼, 2025
2. 라일락 나는 날마다 행복합니다 / 유페이퍼, 2025

❏ 연락처
silbia7312@naver.com

오늘도 감사한 하루

✦✦✦✦✦

1. 하고 싶은 일이 생기다.

아마 20년 가까이 되었을 거다.

TV에서 호스피스를 소개하는 특집 프로그램이 방송되었다. 비구니 스님이 호스피스 시설을 운영하는 모습을 다큐멘터리로 만든 프로그램이었는데 호스피스 시설에서 임종이 얼마 남지 않은 사람들을 아주 정성껏 돌보는 내용이었다. 당시엔 호스피스라는 용어도 생경했지만, 그 내용이 담고 있는 모습도 생소해서 참 많이 관심 있게 보았었다.

우리나라 사람들은 대체로 죽음에 대해 매우 부정적인 생각들을 가지고 있다. 죽음을 꺼리는 것도 모자라 죽음 자체를 거부하거나 부정하기도 한다. 이렇게 죽음을 부정한 것으로 생각하다 보니 장례식장에 갔다 오면 소금을 뿌린다거나 입고 갔던 옷을 갈아입기도 하고 중요한 일을 앞둔 사람들은 꼭 필요한 일이 아니면 장례식장 참석을 삼가기도 한다.

나 또한 이러한 문화적 환경에서 자랐고 죽음에 대한 생각과 태도는 나도 모르는 사이에 부정적인 모습으로 고정되어 있었다. 그러한 탓에 죽음에 대해 의미를 부여하며 삶을 아름답게 마무리할 수 있도록 돕는 호스피스의 모습은 감동스럽기도 했고 또 한편으론 낯설기도 했다.

TV에 비쳤던 스님의 인상 깊었던 한 모습은 지금도 잊을 수 없는 모습이 되어 내가 웰다잉을 공부하게 된 계기가 되었다.

세상 풍파에 찌든 중년 남성 K는 죽음을 앞두고 스님이 운영하는 호스피스 시설에 들어오게 된다. 젊은 시절 고생을 많이 함은 물론 서럽고 슬픈 일도 많이 겪어야 했던 그는 제대로 된 인생 한번 살아보지 못한 채 죽음을 목전에 두고 있다.

다행히 인연이 되어 호스피스 시설에 들어와 난생처음 사람다운 대접도 받아보고 사랑도 받으며 얼마 남지 않은 시간을 조용히 죽음을 기다리며 덤덤한 시간을 보내고 있다. 그러나 그에게는 마지막까지 풀지 못한 응어리가 남아 있다.

돌봐야 하는 환자들을 놔두고 급한 볼일이 있어 트럭을 몰며 외출에 나서던 스님은 운전 중 한 통의 전화를 받는다. K의 임종이 임박했다는 급박한 전화다.

"이대로 가시면 안 되는데, 이대로 가시면 안 되는데"라는 말을 연달아 하면서 급히 차를 돌린다.

"용서하고 가셔야 하는데, 용서하고 가셔야 해"

안절부절못하며 급히 집으로 돌아온 스님은 마지막 숨을 몰아쉬고 있는 K의 손을 붙잡고 아직 그가 죽지 않고 기다리고 있음에 감사한다.

"용서하고 가셔야 해요, K 님, 이대로 가시면 안 돼요.
용서하셔야 해요, 용서."

스님의 말을 들었을까?
힘겹게 숨을 쉬던 K는 눈물을 흘리며 스님에게 몸을 맡긴 채 마지막 숨을 거둔다.

방송을 통해 비친 모습을 보며 죽음을 대할 때 어떻게 대해야 하는지?

죽어가는 이에게 어떤 말을 해야 하는지?
죽음이라는 것에 대해 한 번도 배워보지 못했던 내게 그날 그 모습은 신선한 충격이었다.

그날 이후 나는 호스피스가 무엇인지 알고 싶었고 기회가 되면 호스피스를 배워 죽어가는 이가 아름다운 생을 마감할 수 있도록 돌봐주는 일을 하고 싶다는 생각을 품게 되었다.

2. 호스피스를 공부하다.

이름도 생경하고 혀도 잘 안 돌아가는 '호스피스'는 아직 우리 사회에서 매우 낯설 뿐 아니라 쉽게 접할 수가 없었다. 나에게 호스피스를 배울 기회는 좀처럼 오지 않았고 자연스레 인상 깊었던 모습은 잊혀갔다.

많은 시간이 흐르고 우리 가족은 남편의 직장을 따라 경기도로 이사를 하게 되었다. 서울만큼은 아니지만 그래도 경기도는 다른 지방에 비해 많이 발전되어 있었고 교통도 편리했으며 문화적인 혜택 또한 많았다.

그러던 어느 날 가톨릭 단체에서 진행하는 호스피스 자원봉사자 교육 안내문을 보게 되었다. 떨리는 마음에 교육을 신청하게 되었고 드디어 마음속에 품어왔던 부푼 꿈을 안고 교육을 받게 되었다.

매주 화요일과 목요일에 진행된 교육은 무려 석 달이나 계속되었는데 오랜 시간 공부와 담을 쌓았던지라 처음엔 몸이 배배 꼬이고 졸음이 쏟아져 적응하느라 아주 힘들었다. 그러나 교육을 들으면 들을수록 점점 그 내용에 빠져들어 '언제 이렇게 시간이 다 지나갔지?' 할 정도로 시간이 훌쩍 지나갔다.

호스피스 교육에서 빠질 수 없는 내용은 바로 '죽음'이다. 한 사람이 인간의 존엄성과 삶의 질을 유지하도록 신체적, 정서적, 사회적, 영적 돌봄을 통해 자기 죽음을 편안하게 받아들이고 남은 생을 잘 마감할 수 있도록 하기 위해 최선을 다함은 물론 죽음 뒤에 남겨진 가족들을 위로하고 지지하기도 한다.

온전히 한 사람으로 살고 한 사람으로 죽음을 맞이하기 위해서는 어떻게 살아야 하는지?
죽을 땐 어떻게 죽어야 하는지?
교육을 통해 참으로 많은 것들을 깨닫게 되었고, 지금껏 살면서 누구도 가르쳐 주지 않았던 삶의 가장 중요한 것을 배우게 되었다.

교육이 다 끝난 시기는 마침 가을이었다.
나는 떨어지는 낙엽 하나에도 많은 의미를 부여하게 되었고 삶을 대하는 태도도 많이 바뀌게 되었다. 마음에 여유가 많이 생겼으며 모든 것을 생각할 때 죽음과 연관 지어 생각하는 습관을 지니게 되었다. 나는 전과 다르게 점점 철학적으로 변해갔다.
교육 후 부푼 꿈을 안고 호스피스 봉사를 시작하고 싶었으나 발령이 잦은 남편을 따라 다시 멀리 지방으로 이사를 하게 되었다. 결국 봉사의 꿈과는 멀어지게 되었다.

3. 요양보호사 자격증을 취득하다.

언제가 될지 모르지만 나에게 호스피스 봉사를 할 수 있는 시간이 주어진다면 나는 죽어가는 그들에게 마음의 위안을 줄 수 있는 책을 읽어드리는 봉사를 하고 싶었다.

그러나 당장 그렇게 할 수 있는 형편이 되지 못했다. 지방엔 호스피스 시설이 거의 전무했고 내가 살고 있는 지역에도 호스피스 업무는 이루어지지 않고 있었다.

하지만 무언가를 할 수 없다고 해서 아무것도 하지 않을 수는 없었다. 언젠가 환자들을 현장에서 만났을 때 그들을 도울 수 있도록 무슨 일을 하면 좋을까? 고민 끝에 요양보호사 자격증을 취득하였다.

애초부터 요양보호사가 되려고 자격증을 취득한 것은 아니었으나 학원 추천으로 시각장애 독거노인 할머니를 돌보는 일을 하는 재가요양보호사가 되었다.

호스피스에서 배운 내용들을 토대로 할머니가 남은 생을 편안하게 보내시고 마지막 죽음도 편안하게 받아들일 수 있도록 돕는 일에 최선을 다했다.

간단한 집 안 청소와 식사 준비를 하고 나면 하루 3시간으로 계약된 시간까지 약간의 여유가 있었다. 그 시간에 할머니의 말벗도 되어드리고 영적 돌봄을 위해 기도도 함께했다.

할머니의 종교는 개신교고 나는 천주교였지만 할머니의 종교 교리에 벗어나지 않도록 최대한 존중하며 기도로 함께했다.

할머니는 녹내장 수술을 받으셨으나 회복하지 못하고 결국 시력을 잃게 되었다. 갑자기 두 눈을 잃은 할머니는 삶을 포기하고 싶어 몇 번이나 자살을 고민하고 계셨고 밤마다 뱀이 득실거리는 구덩이에 빠지는 끔찍한 꿈을 꾸다 깨어난다고 하셨다. 자식들이 집으로 모시려 하였으나 평생을 살아온 집에서 죽고 싶다고 고집을 피우니 고민 끝에 자녀들이 재가 요양보호를 신청하셨다. 그렇게 나와의 인연이 시작되었다.

나는 기도 중에 그런 할머니를 위해 진심으로 기도해 드렸고 전인적인 돌봄을 위해 최선을 다했다.
갈아입을 옷이 마땅치 않아 빨래가 제대로 되지 않자, 내 사비를 들여 옷을 사다 드리고 우리 집에서 색다른 음식을 하게 되면 그런 음식들을 가져가 나눠 먹기도 하였다.

가끔 할머니가 울고 있을 땐 할머니의 눈물을 닦아드렸고 말없이 할머니를 꼭 껴안고 슬픔이 잦아들 때까지 한참을 말없이 기다려 주기도 하였다.
할머니는 점점 밝아지셨고 편안해지셨다. 밤마다 꾸던 악몽도 이제는 더 이상 꾸지 않으셨고 점점 안정을 되찾아갔다.

그러나 1년이 조금 지나 남편이 또다시 발령이 났다. 결국 어쩔 수 없이 나는 할머니와 헤어지게 되었고 우리는 멀리 목포로 이사를 했다.

4. 사회복지사가 되다.

　새로 가게 된 목포는 유난히 낯설고 물설었다. 봉사활동이라도 해보고 싶어 알아보려 했으나 지방이라 교통도 불편하고 아는 이도 없어 무언가를 하기엔 무리가 있었다. 고민 중에 사회복지사 공부를 하기로 마음먹었다. 학점은행제로 진행된 수업은 온라인으로 수업을 들을 수 있어서 지역을 옮겨도 상관이 없었고 내가 원하는 시간에 자유롭게 공부를 할 수 있어서 부담이 없었다.

　한편 큰 아이는 기숙사가 있는 서울 소재 고등학교에 들어가게 되었다. 평일엔 기숙사에서 학교에 다녔으나 학교 규정상 주말에는 기숙사에서 나와야만 했다. 서울에 일가친척이 하나도 없었기에 어쩔 수 없이 주말마다 KTX를 타고 서울과 목포를 오갔다.

　아이의 생활이 너무 힘들었기에 고민 끝에 남편은 아이를 위해 서울로 근무지 변경을 신청하였고 1년 만에 서울로 올라오게 되었다. 그리고 경기도에 집을 마련하였다.

　서울과 경기는 사람도 많고 그만큼 일자리도 많았다. 사회복지사 자격증을 취득하고 나는 17년의 경력 단절을 깨고 장애인복지관에 취업하게 되었다. 출산 휴가자를 대신한 기간제 계약직이었다. 처음엔 후원과 관련된 업무만 하였는데 점차 업무가 익숙해지자, 가족 돌봄, 사례 관리 등 해야 할 업무가 하나씩 하나씩 늘어났다.

40대 후반의 늦은 나이에 뒤늦게 사회로 나오니 젊은 사람들에 비해 새로운 환경에 적응하는 데 다소 시간이 걸렸다. 그러나 성실함과 근면함을 토대로 최선을 다해 열심히 일했고 주변 동료뿐 아니라 이용자들은 물론 그 가족들까지도 나의 그런 모습을 보고 아주 좋아해 주셨다.

 연륜도 연륜이지만 호스피스를 통해 배운 삶과 죽음에 대한 생각과 깨달음들은 삶의 곳곳에 배어났고 직장이라고 다를 리 없었다. 진실 되고 정성 된 마음으로 대하니 그들도 나의 순수한 마음을 알아봐 주었다.

 90대 초만의 김OO 할아버지는 나의 첫 사례 관리 대상자였다. 한쪽 다리는 아예 없었고 나머지 한쪽은 절반만 남고 무릎 아래는 없었다. 이혼 후 지하 단칸방에서 늙은 아들과 함께 살고 계셨다.
 컴퓨터에 저장된 지난 이력들을 살펴보며 그간 어떤 삶을 살고 계셨는지 대충 머릿속에 그려보았으나 실제 가정방문을 통해 만난 어르신의 모습은 처참하기 그지없었다.
 하루 종일 해가 들지 않는 지하방에서 전기세를 아끼느라 불도 켜지 않고 있었고 집 안은 정리가 되지 않아 살림살이가 좁은 공간에 쓰레기처럼 쌓여 있었다. 또 불편한 다리로 화장실에 가기 위해 기어서 이동해야 했고 간단한 생활 도구는 방바닥에 늘어놓고 등 긁개를 사용해 끌어와 사용하고 계셨다. 다리가 없으니 당연히 혼자서는 방바닥에서 일어나기도 힘들어 천장에 노끈을 매달아 놓고 그 끈을 붙잡고 일어나야만 했다. 상상도 못 한 충격적인 모습을 보고 오니 마음이 너무 아파 제대로 잠을 이루지 못할 지경이었다.

일주일에 한두 번 정도 전화로 안부를 묻곤 했는데 조용한 사무실에서 전화하다 보니 자연스레 직원들도 내 전화 소리를 들을 수밖에 없었다.

오랫동안 사례 관리 업무만 전문으로 담당해 온 선배 직원은 칭찬에 무척 인색했으나 내가 하는 전화 소리를 듣고 "사례 관리는 저렇게 하는 거야"라고 했고, 새로 사례 관리 업무를 맡게 된 다른 직원들도 내가 하는 말을 들으며 나중에 자기도 똑같이 사용해야겠다며 칭찬해 주었다.

그러나 내가 하는 일은 특별한 게 없었다. 나는 그저 최선을 다했고 마음을 다했을 뿐이다.

오스트리아의 엘리자베스 황후는 평소 죽음에 관심이 많았고 죽음에 대한 이야기를 자주 했다고 한다. 그녀는 "죽음을 상상하다 보면 영혼이 순수해진다"고 했다.

호스피스 공부 후 늘 '죽음'은 내 머릿속에서 떠나지 않았고 삶의 온 공간과 상황 속에서 죽음을 떼놓고 생각해 본 적이 없다고 해도 과언이 아니다. 나는 어쩌면 황후의 말처럼 영혼이 순수해지고 있는 것인지도 모르겠다. 아니 그렇게 되고 싶다.

하루는 김OO 어르신 자녀에게서 연락이 왔다. 반만 남아있던 다리에도 암이 퍼져 수술하기로 했다고 했다. 할아버지의 환경을 알고 있었기에 수술 소식을 듣고 마음이 불편했다. 연로하신 나이에 굳이 수술이 필요할까? 다리가 반이라도 있는 것과 아예 없는 것은 또 다른 일일 텐데 왜 굳이 남은 다리를 절단하려 하는 걸까? 그러나 자식들이 결정한 일이니 내가 왈가왈부할 일은 아니었다.
　할아버지는 결국 수술을 하셨고 회복이 잘되지 않아 병원에서 오랫동안 나오지 못하고 계셨다.

　한편, 나는 계약기간 만료일이 다가와 퇴사를 앞두고 있었다. 정리해야 할 일이 많았고 하던 일도 마무리 지어야 했으며 그간 업무차 알게 된 사람들에게 일일이 인사도 해야 했다.

　'아, 나도 죽을 때 이렇게 미리 정리도 하고 인사도 하고 갈 수 있다면 정말 좋겠다.'

　정리할 수 있는 일을 미리 정리하고 마무리를 해놓고 떠난다는 게 얼마나 고맙고 다행스러운 일인지 몰랐다. 감사하다고 생각하며 하나하나 업무를 마무리하고 있었다.

　가장 마음에 걸리는 건 김OO 어르신이었는데 마침 할아버지가 퇴원하고 집에 오셨다고 했다.
　나는 오래전 TV에서 보았던 그 비구니스님이 했던 모습을 생각하며 떨리는 마음으로 할아버지를 만나러 갔다.

할아버지는 내게 "아랫도리를 다 잃었어요"라고 하며 잘린 두 다리를 그렇게 표현하셨다. 비록 절반 밖에 남지 않았지만 조금이라도 다리가 있는 것과 아예 하나도 없는 것은 완전히 다른 일이다. 나는 할아버지께서 어떤 생각으로 그 말씀을 하셨는지 충분히 알고 있었다.

할아버지의 마음을 헤아리며 꼭 하고 싶었던 이야기를 했다.

"그럼에도 불구하고 하느님이 살려두신 건 다 이유가 있을 거예요. 아직은 해야 할 일이 있어서예요. 하느님의 뜻이 무엇인지 생각하며 마지막까지 잘 참고 견디셔야 해요."

사례 관리 담당자가 바뀌었다는 안내를 위해 처음 할아버지께 전화드려 인사를 나누던 날, 할아버지는 내게 죽고 싶다고 하셨다. 내가 가진 돈이 얼마가 있는 데 그 돈을 줄 테니 제발 부탁이니 죽을 수 있는 약을 구해달라고 하셨다. 쓰레기장 같은 어두컴컴한 방안에서 제대로 몸도 가누지도 못했던 할아버지는 삶을 끝내고 싶었을 정도로 처참했고 처절하게 버티고 있었다.

그런 할아버지의 마음을 알고 있었기에 이렇게 남은 다리마저 절단을 해놓아 버렸으니, 할아버지가 견뎌야 하는 시간이 얼마나 가혹하고 끔찍할지 짐작이 되었다.

"용서해야 할 누군가가 있다면 용서하셔요. 가시기 전에 다 버리고 가셔야 해요."

그러자 할아버지가 말씀하셨다.

"나는 이미 다 용서했습니다."

할아버지의 그 말을 듣는 순간 할아버지의 얼굴이 환하게 빛났고 그 뒤로 광채가 빛나고 있었다.

우리는 마지막 인사를 했다.

"하느님께 빨리 데려가 주시라고 기도하세요, 저도 꼭 그렇게 해달라고 기도할게요."

대부분의 사람은 하루라도 더 살게 해달라고 기도하지만, 하루라도 더 빨리 죽게 해달라고 기도해야 할 때도 있다.

진심으로 나는 하느님께 어서 빨리 김OO 어르신을 데려가 주시기를 기도하며 서둘러 복지관을 향했다.

5. 웰다잉이 나에게 오다.

복지관 계약이 끝난 뒤 무엇을 해야 하나 생각에 잠겼다. 안양 YWCA 여성새로일하기센터에서 고학력, 고숙련 경력 단절 여성을 위한 "웰다잉 전문 강사" 교육과정 모집 공고가 떴다.

나에게 정말 잘 어울리고 내가 잘할 수 있는 일인 것 같아 서류를 넣었는데 나처럼 생각하는 사람이 한둘이 아니었다. 20명 정도의 교육생을 모집하는 데 100명도 넘는 사람이 몰렸다. 역대 최대의 경쟁률이라고 했다. 서류전형과 면접시험을 거쳐 무려 5:1이 넘는 경쟁률을 뚫고 합격했다.

약 8개월에 걸쳐 매일 오후에 진행된 수업은 웰다잉에 대한 전반적인 이론교육뿐 아니라 전문 강사로 거듭날 수 있는 강의 스킬까지 다채로웠다. 조별로 모임을 만들어 직접 강의안도 만들고 발표도 하면서 우리는 웰다잉 전문 강사가 되기 위해 노력하고 또 노력했다.

지역아동센터에 나가 무료 나눔 교육도 하고 경로당에 찾아가 '사전연명의료의향서'를 홍보하기도 했다. 사람들이 많이 모이는 곳에서 이벤트도 진행하고 웰다잉 강사가 되기 위해 한발 한발 나아갔다.

그러나 교육이 다 끝나가는 데도 무엇 하나 손에 쥐어진 게 없었다. 전문적으로 강의를 해보지 않은 우리는 배운 것은 많았지만 그것을 활용할 방법을 알지 못했다. 교육은 받았지만, 강의할 곳은 결국 우리 스스로 발굴해 내야 했다.

몇 군데 강의 계획서도 내보고 사람들을 초청해 시연도 해보았지만, 우리 같은 초보를 강사로 써주는 데는 한 군데도 없었다. 모두 성실하고 재능들도 넘쳤지만, 사업적인 수단은 맹탕이었다. 엎친 데 덮친다고 코로나까지 번져 결국 우리는 뿔뿔이 흩어져 각자

다른 일을 알아보아야 했다.

그 뒤로 나는 보건복지부에서 뽑는 공무직에 응시해 우리나라 사회복지정책과 관련된 일을 상담하는 상담사로 일하고 있다.

6. 웰다잉과 함께여서 행복하다

비록 강사로 성공하지는 못했지만, 웰다잉을 배우고 안양 YWCA와 MOU를 맺은 대한 웰다잉협회를 알게 된 것만으로도 큰 성과를 이루었다고 생각한다.

아직도 대한 웰다잉협회 회원으로 소속되어 있는 나는 '죽음'을 학문으로 이해하며 점점 내 지적인 영역을 여전히 확장 중이다. 협회에서 진행하는 교육과 연수, 포럼 등 다양한 행사에 참여하며 지속적인 공부를 해나가고 있다.

물론 직장이 있어서 제대로 된 활동을 하지는 못하지만, 커뮤니티 모임을 통해 공부하고 친분도 쌓으며 웰다잉 강사로서의 꿈을 버리지 않고 오늘도 노력 중이다.

'죽음'을 배우고 나서 나는 참 많이 변화되었다.
삶에 감사하고 용서하며 사랑하며 살기 위해 전보다 더 열심히 노력한다.
모든 것에 너그러워지고 마음에 여유도 많이 생겼다.

삶의 의미를 찾기 위해 노력하며 착하고 바르게 살려고 한다. 긍정적으로 변했으며 신앙적으로도 전보다 훨씬 더 성숙해졌다.

나는 이런 나의 긍정적인 모습들이 너무 좋았고 다른 사람들에게 이런 좋은 것을 나눠주고 싶어 웰다잉 강사가 되고 싶다.

내가 웰다잉 공부를 하며 얻게 된 가장 큰 성과는 죽음 이후의 세계에 대한 견해가 넓어졌다는 것이다.

흔히들 웰다잉은 '잘 먹고, 잘 살고, 잘 죽는 것'이라고 생각하지만 죽음 이후의 세계를 이해하지 못한다면 웰다잉의 반도 이해를 못 한 것이다.

죽음학의 창시자 엘리자베스 퀴블러 로스는 "죽음은 끝이 아니라 또 다른 세상으로 옮겨감"이라고 했다. 또한 그것은 "지식이 아니라 앎의 문제"라고 했는데, 사후세계를 공부하다 보면 세상을 바라보는 영적 눈이 훨씬 밝아진다. 죽음을 이해하다 보면 자연스레 삶이 이해된다.

죽음에 대해 본질적인 설명을 하는 자료들을 보면 우리가 이 세상을 살아가는 이유는 '영적인 성장'을 하기 위한 여정이라고 했다. 물론 무슨 수수께끼 같은 소리냐고 하는 사람들도 있을 것이다.

나도 처음엔 그랬다.

"우리는 죽으면 끝이라고 생각하지만 죽는다고 결코 끝나는 것이 아니다."

'생사학'이라는 개념을 처음으로 우리나라에 들여온 한림대학교 오진탁 교수님이 자주 하시는 이 말씀은 처음엔 나도 이해가 잘 가지 않았다.

'아니, 죽으면 다 끝이지, 또 뭐가 있어?'

'이건 또 뭔 소리야?'

그러나 죽음을 공부하다 보면 차츰차츰 알게 될 것이다. 죽는다고 끝이 아니라는 것을.
인간은 육체적인 존재만이 아닌 영적인 존재다.
이는 믿음이 아니라 앎의 문제다.
이러한 앎을 통해서도 우리는 한층 더 성숙해질 수 있다.
그리하여 나는 오늘도 삶에 감사하고 주어진 하루에 최선을 다하기 위해 노력한다. 이 세상에 내가 오게 된 이유를 생각하며 나의 영적 성숙을 위해 한 걸음씩 나아가고 있다.
부끄럽지 않고 후회되지 않는 삶을 살기 위해 성실하고 착하게 살며 사랑을 나누며 행복한 삶이 되도록 노력하자고 다짐한다. 바로 영적인 성숙을 위한 깨달음을 얻기 위함이다.

7. 오늘 주어진 하루에 감사하다

알람 소리에 잠에서 깬다.

오늘도 눈을 뜨며 잠에서 깨어날 수 있음에 감사하며 하루를 시작한다.

우리는 아침에 잠에서 깨어날 때 알람 소리가 우리를 깨워준 거로 생각한다. 그러나 우리를 깨어나게 한 건 시계의 알람이 아니라 신의 뜻이다. 오늘도 해야 할 일이 있기에 신께서 내게 하루를 주신 것이다.

우리가 살아가는 이 우주는 한 치의 오차도 없이 움직인다. 아침에 해가 뜨고 저녁엔 달이 뜨고, 밀물이 있고 썰물이 있고, 봄이 오고 여름이 오고 가을이 오고 겨울이 온다.

길가에 피어있는 풀 한 포기, 돌멩이 하나도 그냥 있는 것처럼 보이지만 다 그곳에 있는 이유가 있다. 하물며 우리 인간은 어떻겠는가?

우리는 각자 내 삶을 내가 살아간다고 생각하지만 그건 아주 큰 착각이다. 나는 살아가고 있는 것이 아니라 살려지고 있는 것이다.
신이 오늘도 나를 눈 뜨게 하시고 오늘 하루를 살아갈 수 있게 하신 이유는 무엇일까? 내게 주신 그 해야 할 일은 무엇일까?

거창하지 않아도 좋다.
뛰어나지 않아도 좋다.
나는 조금씩 내 속도에 맞게 나의 의미를 찾으며 오늘도 주어진 하루를 성실히 살아가며 최선을 다하려고 노력한다.

당신은 명품 인생입니까?
- 이현정 작가

8

작가
이 현 정

□ 소개

1. 대한웰다잉협회 서울지부장
2. 대한웰다잉협회 웰다잉 전문강사
3. KODA 생명존중 생명나눔 전문강사

□ 저서

1. 내 마음의 오솔길 / 대한웰다잉협회 그룹 자서전, 2025
2. 지는 꽃이 아닌 영원한 꽃 / 유페이퍼, 2025

□ 연락처

lhj4775@naver.com

당신은 명품 인생입니까?

✦✦✦✦✦

1. 웰다잉 입문하다

　여러분은 명품을 좋아하시나요? 명품의 사전적 의미는 "대단히 뛰어나거나 훌륭한 물건, 또는 명장이 만들어낸 작품"이다. 물론 각자의 성향에 따라 다르겠지만 대부분의 사람들은 명품을 선호한다고 해도 무리가 없을 듯하다. 백화점 오픈런을 위해 새벽부터 줄을 서서 기다리는 모습을 기사로 종종 볼 수 있다. 이 사람들은 왜 이런 행동을 할까? 바로 파노플리 효과라고 한다. 유명 배우나 재벌이 착용하고 있는 물건을 구입하면 마치 자신의 신분이 상승하는 기분이 드는 것이다.

　그렇다면 명품의 반대는 뭘까요? 우리는 보통 짝퉁이라고 한다. 요즘 짝퉁은 너무 정교하게 만들어져 전문가가 아니면 육안으로 분별하기 쉽지 않다. 하지만 겉으로 아무리 흡사하다고 해도 명품이 될 수는 없다. 그렇다면 인생에도 명품이 있을까?

　지천명(知天命), 하늘의 명을 깨닫는 나이를 지나면서 웰다잉을 만나게 되었다. 나의 삶은 웰다잉을 알기 전과 후로 나뉘어 질 수 있다. 웰다잉을 알기 전에는 삶에 대해서도 그냥저냥 사는 것이 인생이지라는 막연한 생각만 가지고 있었기 때문에 죽음에 대해 깊이 생각한다는 것은 상상도 못했다. 아마 생각하기도 싫었을지도 모른다. 왜냐하면 무언가를 상실한다는 것은 어느 누구도 환영하지 않기 때문이다. 하물며 가족의 상실은 절대로 생각하고 싶지 않을 것이다.

하지만 2019년 중국 후베이성 우한시에서 처음 확인된 코로나 바이러스는 전 세계를 죽음의 공포 속으로 몰아넣었다. 특정인이 아닌 일반 사람 누구도 걸릴 수 밖에 없는 현실 속에서 전 세계의 많은 사람들이 바이러스 앞에서 연약한 인간의 모습으로 무릎을 꿇고 말았다. 나 또한 친분이 있는 언니가 Covid-19로 인해 갑작스럽게 남편을 떠나 보내야 하는 상황을 겪으면서 삶과 죽음에 대해 더 깊이 생각해 보게 되는 계기가 되었다.

이 무렵, 나는 웰다잉에 입문하게 되었다.
'웰다잉'이라는 죽음 인문학을 통해, 죽음은 누구도 피해 갈 수 없는 인간의 유한성임을 다시 한 번 깨닫는 계기가 되었다.
그렇다면 누구에게나 찾아오는 죽음 앞에서, 우리는 어떠한 삶을 살아야 하는가라는 질문을 던질 수 있을 것이다.
그 해답은 바로 '명품 인생'이 아닐까 싶다.
이 책을 통해 '한 번 사는 인생'을 명품으로 살아가기 위해 어떤 준비가 필요한지 함께 생각해 보고자 한다.

2. 죽음과 친구하기

여러분은 죽음을 말할 수 있는 용기가 있나요? 아니면 죽음이라는 단어가 불편하거나 입 밖에 내는 것을 주저 하는지요? 아마 많은 사람들은 후자에 속할 것이다. 그렇다면 죽음과 친구가 되기 위해서는 어떤 준비가 필요할까요? 먼저는 인간의 유한성을 생각하고 인정해야 한다. 인생은 '유통기한이 있는 선물이다'라는 말이 있다. 그런데 그 기한이 언제까지 지속될지는 아무도 모른다. 즉 누구나 그 끝은 정해져 있지만 알 수 없기 때문에 더 특별한 선물일 수 있다고 말할 수 있다.

삶과 죽음에 대한 인식이 부족했을 때 나 또한 우리 부모님은 영원히 사실 것만 같았다. 다른 사람은 다 돌아가셔도 우리 부모님은 아니지 라는 막연한 생각을 하고 살았다. 코로나가 한창 인간을 엄습해오고 있을 때 친정아버지가 간암말기 판정을 받았다. 하늘이 무너지는 느낌이 무엇인지 알 수 있었다. 나는 엘리자베스 퀴블러 로스의 죽음의 5단계를 고스란히 겪었다. 처음에는 그럴 리가 없다고 생각했다. 왜냐하면 건강검진을 꾸준히 받고 계셨고 건강이라면 그 누구보다도 자신 있어 하셨기 때문이다.

나는 분노가 치밀었고 이내 제발 5년만 살게 해달라고 기도했다. 정말 힘든 시간을 보냈다. 친정아버지와의 많은 추억들이 있었고 다른 형제자매보다도 더 애틋한 관계를 가지고 있었기 때문인지도 모른다. 6개월 시한부 판정을 받은 아버지는 너무나 건강한 모습이었다. 모든 것이 거짓말 같았다. 하지만 항암을 시작하면서 친정아버지는 예전의 멋지고 건강한 모습을 잃어가고 있었다. 식사도 못하시고 항암 부작용으로 걷지도 못하시는 등 정말 병자의 모습으로 변해가고 있었다. 평소에 유머 감각이 남달랐던 아버지는 말 수가 줄어들고 기력이 현저하게 떨어지고 있었다.

그 무렵 나는 웰다잉에 입문해 있던 때라 죽음에 대해 조금씩 알아가고 있었다. 시한부 인생을 사시는 아버지가 언젠가는 우리 곁을 떠날 것이기 때문에 마음의 준비를 해야 한다고 생각은 했지만 마음은 인정하고 싶지 않았다. 항암으로 아버지는 너무 많이 힘들어하셨다. 우리는 가족 모두 동의하에 항암을 중단하기로 했다.

의사는 항암을 계속 권유했지만 85세 아버지는 이길 힘이 없었다. 항암을 끊고 일주일이 지나니 아버지는 점점 기력을 회복하셨다. 식사량이 조금씩 늘기 시작했고 움직임도 서서히 좋아지고 계셨다. 시간이 갈수록 예전의 모습으로 돌아가고 있었다. 시한부 삶을 사시는 분 같지 않게 운동도 하시고 식사도 예전처럼 잘 드시면서 체중도 불어나기 시작했다. 하지만 우리는 알고 있었다. 언젠가는 그날이 다가올 것이라는 것을..

그날이 언제인지는 모르지만 우리는 최대한 의미 있는 시간을 보내야 한다고 가족 모두 일심동체가 되어 보냈다.

지방에 계시는 아버지를 자주 뵈러갔고 매일 안부 전화를 드렸다. 물을 워낙에 좋아하셔서 여름휴가는 늘 바닷가로 정해서 갔었다. 아버지와의 마지막 여름휴가도 제주도 바닷가였다. 6개월 시한부 판정을 받으신 아버지는 무려 2년 3개월을 우리와 행복한 시간을 가지고 우리 곁을 떠나셨다. 친정아버지를 보내드리는 과정에서 가장 감사한 것이 있다.

그것은 바로 웰다잉을 공부하면서 아버지를 마음에서 잘 보내드렸다는 것이다. 아마 웰다잉을 몰랐다면 떠나 보내드리는 것이 쉽지 않았을 것 같다는 생각이 든다. 즉 웰다잉을 통해 죽음이라는 단어와 친숙해지고 죽음을 받아들일 수 있는 내성이 생겼던 것이다.

웰다잉 강사로서 삶과 죽음에 관한 강의를 늘 하면서 아직도 많은 분들이 죽음을 불편해 하시는 모습을 볼 수 있다. 사는 이야기는 좋은데 죽는 이야기는 하지마 하시는 분들이 간혹 계신다. 부모님 세대는 죽음이라는 교육에 전혀 노출되어있지 않았기 때문에 당연한 결과일지도 모른다. 그렇다면 과연 어르신 세대만 죽음을 기피할까? 그렇지 않다.

모든 세대가 죽음은 생각하고 싶지도 않고 그저 남의 일이라고 생각하는 듯 하다. 하지만 예기치 못한 일들이 하루에도 얼마나 많이 일어나고 있는가? 그렇기 때문에 죽음교육은 전 세대에 걸쳐 이루어져야 한다고 생각한다.

2015년 시사경제 주간지인 이코노미스트 인텔리전스 유닛의 보고서에 따르면 영국은 죽음의 질 지수가 1위인 나라이다. 반면 우리나라는 80개국 중에 18위를 했다. 2021년 조사에서도 영국은 여전히 죽음의 질 지수가 1위이다.

죽음의 질 지수가 높다는 것은 삶의 질이 높고 죽음을 자연스럽게 받아들인다는 뜻일 수 있다. 그렇다면 영국은 어떻게 지속적으로 죽음의 질 지수가 1위인 나라가 되고 있는 것일까? 물론 여러 가지 항목을 토대로 순위가 매겨지지만 그 중에서도 특별한 이유가 있다. 영국은 매년 5월 일주일 동안 '죽음 알림 주간'을 연다.

죽음에 관한 깊은 논의를 회피해온 사회 분위기를 바꿔보자고 시작된 것이 바로 '죽음 알림 주간'이다. 시민들은 유언장 작성, 장례 계획, 장기 기증서 작성 등을 실천하며 자신이 원하는 죽음에 대해 생각해 볼 기회를 갖게 된다.

이 '죽음 알림 주간' 동안에는 어린아이에서부터 노년에 이르기까지 다양한 죽음에 관한 체험을 한다. 설탕을 녹여서 해골을 만들어 본다든지 초등학교 아이들이 호스피스 병동의 환자와 하룻밤 묵는 경험을 함으로써 죽음은 우리 가까이 있다는 사실과 언젠가 우리도 끝이 있다는 사실을 어릴 적부터 경험을 하게 하는 것이다.

또한, 데스카페를 통해 누구든지 죽음에 대해 자연스럽게 이야기

할 수 있는 분위기가 조성이 되어있다. 즉 죽음과 친구하기를 국가적으로 실시하고 있는 것이다.

2024년도에 제주도에서 초등학교 교육에 죽음 교육을 교과과정으로 넣으려는 조례를 통과하려고 했었다. 그런데 초등학교 교장선생님들의 반대로 이 조례는 통과하지 못했다. 여전히 우리 사회는 죽음을 꺼려하고 터부시하는 경향이 농후하다.

어린 시절부터 보다 구체적인 죽음 교육을 시켜야 한다고 생각한다. 왜냐하면 인구 고령화로 인해, 현재 어린 세대들은 이전 세대보다 가족의 죽음에 직접 관여할 가능성이 훨씬 높고, 지금은 애완동물을 키우는 세대도 많기 때문에 어린아이들도 펫로스(Pet Loss) 증후군을 경험할 수 있기 때문에 죽음 교육을 통해 전 세대가 죽음과 친해지는 연습이 필요하다고 생각한다.

죽음과 친해지는 연습은 삶을 더 귀하게 만드는 것은 아닐까싶다. 앞서 인생은 유통기한이 있다고 했다. 냉장고에 유통기한이 얼마 남지 않은 음식이 있다면 여러분은 어떻게 하시겠습니까? 아마 낭비하지 않기 위해 무언가를 해서 사용을 할 것입니다. 그렇다면 인생도 그래야 하지 않을까요?

우리는 늘 죽음과 친해지는 연습을 하면서 오늘 하루, 지금 이 시간을 소중하게 의미 있게 살아야 할 것입니다. 지나간 시간은 다시 오지 않기에 순간순간을 의미를 부여하면서 죽음을 친구삼아 늘 동행한다면 삶을 허투루 살지 않을 것입니다.

3. 나를 돌아보다

여러분은 하루에 거울을 몇 번이나 보시나요? '나 자신'은 얼마나 자주 들여다보셨나요? 이런 질문에 어떠한 대답을 하시겠습니까?

우리는 늘 세상과 사람을 바라보지만, 가장 중요한 '나'를 놓치고 살 때가 많다. '나를 돌아보다'는 것은 단지 자기반성을 하거나 후회하는 것이 아니라 지금의 나를 진심으로 바라보고, 이해하고, 받아들이는 것이다.

나 또한 중년의 삶을 살면서 이제 와서 나를 바라볼 때가 자주 있다. 학창 시절, 결혼, 자녀 양육 등 정신없이 살아오면서 나라는 존재는 온데 간데 없고 오로지 세월의 흔적만 얼굴에 남아있는 것 같다.

2022년 자서전 팀에서 우리들의 삶을 글로 남기는 시간을 가졌다. 자신을 돌아보는 가장 의미 있는 시간이었다. 자서전을 쓰는 내내 나 자신을 돌아보고 옛 추억에 쌓이기도 하고, 힘든 시절, 행복했던 시절, 인생의 전환점이 되었던 계기가 되었던 것들 두루두루 생각이 나면서 나의 살아온 발자취를 더듬어 보았다. 거울 속의 내 모습으로 타임머신을 타고 여행을 떠나는 기분이었다. 한편으로는 나로 인해 상처 받은 사람은 없었는지, 지금까지 나와의 관계 속에서 불편해했던 사람들이 없었는지 자기성찰의 시간을 갖게 되는 것도 의미가 있었다.

나이가 들수록 우리의 기억은 흐릿해 질수 밖에 없는데, 글로 나의 삶을 남기는 작업은 절대 사라지지 않는 '시간의 보관함' 같은 것이었다. 그리고 나중에 자녀에게, 친구에게, 남겨진 사람들에게 나의 이야기는 한때 '나'라는 사람이 존재하고 있었다는 것도 인식시켜주는 역할을 하지 않을까 싶다.

잠깐 친정어머니를 소개해 드리고 싶다. 87세 되신 친정어머니가 계신다. 20살에 결혼하셔서 4년 전에 혼자 되셨다. 친정어머니는 엄청난 살림꾼이시다. 결혼하면서부터 지금까지 가계부를 쓰신다. 단지 가계부가 아닌 일기장, 일상 생활기록, 신체 활동 등 엄마의 하루 일거수일투족이 다 담겨져 있다.

어쩌면 엄마의 삶이 고스란히 담겨있는 자서전이 될 수도 있다. 엄마의 가계부는 나의 자랑거리이기도 하다. 강의에서 엄마의 가계부를 보여드리면 수강하시는 교육생들이 많이들 놀라시고 대단하시다고들 한다. 즉 60년이 넘는 세월동안 엄마의 역사, 우리 가족의 역사가 엄마의 자필로 잘 기록되어 있는 것이다.

나의 삶을 돌아보고 기록으로 남기는 것을 어려워하시는 분들이 있다. 이는 글을 잘 쓰려는 부담감 때문일 수도 있다.

하지만 중요한 것은 내가 느끼는 감정이나 마음을 솔직하게 쓰는 것이 최고의 글일 것이다. 하루에 5분만 시간을 내서 오늘 무슨 일이 있었는지, 오늘 기억하고 싶은 장면은, 오늘 나의 감정은, 등등 나의 일상을 기록한다면 나만의 '인생 다큐멘터리'가 될 것이다. 명품인생을 원하신다면 하루에 한 줄이라도 적어보는 습관을 길러 보시기를 강조하고 싶다.

글을 쓴다는 것은 나를 돌아보면서 나의 마음을 정돈하는 일이기도 하고, 웰다잉 관점에서 본다면 죽음을 의식하며 자신의 흔적을 기록하는 습관을 통해 삶을 더 단단하게 해주는 역할을 한다고 생각한다.

4. 나만의 삶을 디자인하다

여러분은 살아가는데 있어 가장 가치를 두고 있는 것은 어떤 것인가요? 혹시 5년 후, 나의 모습을 상상해 보셨나요? 어디에 가치를 두느냐에 따라 향후 나의 모습도 달라져 있을 텐데요. 살아가면서 건강, 돈, 일, 좋은 관계 등 다 중요하다고 생각한다.

하지만 가장 중요한 것은 삶의 목표를 가지고 사는 것이 명품인생의 조건이라고 생각한다. 즉 나만의 버킷리스트를 단기별, 장기별로 계획을 세우고 산다면 삶의 활력소가 될 뿐 아니라, 이루려는 시도를 통해서 하루하루가 의미가 있어지는 것이다.

올해의 나의 버킷리스트는 반주법을 제대로 배워서 멋진 반주를 하는 것이 올해 버킷리스트이다. 이제 레슨을 받기 시작한 지 한 달이 지나가고 있다. 감사하게도 가수들의 건반 세션을 하셨던 실력있는 선생님을 만나 레슨을 받고 있다.

1주일에 한 번 레슨을 받는데 수요일 오전 11시가 어찌나 기다려지는지 모르겠다. 매주 조금씩 늘어가는 실력을 보며 성취감 뿐만 아니라 내가 할 수 있는 영역이 하나 늘어가는 것에 자신감이 생기면서 6개월 후의 나의 모습이 기대가 된다.

또 하나의 나의 꿈은 전국을 누비며 웰다잉 강의를 하는 것이다. 이 꿈을 가지게 되는 배경이 있다. 26년 전 남편과 결혼을 했다. 부푼 희망을 가지고 한 결혼은 내가 생각했던 결혼 생활이 아니었다. 가정적이지만 일중독 같은 남편, 효자 남편, 그리고 집을 너무 좋아하는 사람이었다.

지금도 남편은 여행을 갈 시간이 없는 사람이다. 토요일까지 일을 하고 일요일은 시어머니 목욕시키고, 충전의 하루를 보내고 다시 월요일을 시작하는 루틴으로 사는 사람이다. 그러다보니 나는 주로 친정 식구들과 여행을 자주 다니고, 모임에서 주로 다니고 있다. '남편만 바라보다가는 나이 들어 다니지도 못하겠구나'하는 생각이 들었다. 그래서 전략을 바꿨다. 전국을 다니며 강의를 하면서 그 지역의 맛집과 관광명소를 돌아보는 야무진 꿈을 세웠다.

그러기 위해서 대학원에서 웰다잉 공부를 하며 나름 실력을 위해 매진하고 있다. 언제가 로또를 꾸준히 사는 분에게 질문을 던진 적이 있다. 확률이 낮은 로또를 매주 사는 이유가 뭐냐고? 그분이 이렇게 대답했다. 로또를 사고 난 후 1주일이 너무 행복하다고. 로또가 당첨될 지도 모른다는 기대감과 당첨되는 꿈을 가지기에 삶의 활력이 넘친다고 하였다.

우리는 삶의 꿈을 가지고 그 푯대를 향해 나아간다면 그 항해의 시간이 주는 기쁨 또한 만끽하며 살아갈 것이다. 즉 명품 인생이란 무엇을 성취했는가를 떠나서 그 꿈을 향해 가는 그 시간들을 통해 나 자신이 명품이 되어가는 것이라고 본다. 나를 돌아보고 앞으로 내가 어떻게 살고 싶은지를 스스로 설계할 때 비로소 명품 인생이 되는 것이다.

5. 시작은 미약하나 그 끝은 창대하리라

웰다잉 강의를 하면서 느낀 가장 중요한 점이 있다. 그것은 교육생들의 마음이 웰다잉을 받아들일 준비가 되어 있느냐는 것이다.

웰다잉에서는 인간의 유한성을 강조하면서 뭔가를 준비해야 한다고 이야기 하고 있다. 그 준비를 나중에, 시간이 되면, 때가 되면 이렇게 생각한다면 조금 늦을 수가 있다.

우리는 누구나 삶의 끝이 있다는 분명한 사실을 알면서도 외면하고 살아간다. 먼저는 그 사실을 온전히 받아들이는 삶이야말로 이전보다 훨씬 더 깊고 삶이 더 선명해지지 않을까 싶다.

호스피스 병동에서 3년째 봉사를 하고 있다. 음악회를 하고 환자들에게 발마사지를 해주고 있다. 병실에 들어가기 전에 사회복지사님이 환자들에 대해 간단한 브리핑을 한다. 내가 가장 먼저 보는 것은 그 분들의 나이다. 가는데 순서가 없다는 것을 절실하게 느낀다. 너무나 젊은 연령대가 많기 때문이다. 발마사지를 위해 병실에 들어서면서 나는 환자와 눈을 맞춘다.

대화가 가능하신 분들은 발마사지를 하면서 대화를 나눈다. 나는 속으로 말한다. 떠나실 준비는 잘 하셨는지. 마음의 준비는 하시고 계시는지. 그러면서 이분에게 해드리는 마지막 선물이라는 마음으로 정성껏 발마사지를 해드린다. 호스피스 봉사를 통해 나는 삶의 공부를 하고 오는 생각이 든다. 앞으로 남은 인생이 얼마인지는 모르지만 어떻게 살아야 하는지 답을 얻고 오는 기분이다.

웰다잉 문화 확산을 위해 캠페인을 한 적이 있다. 사전연명의료

의향서를 작성하거나 사전 장례 의향서를 작성해 보는 시간이었다. 그런데 대부분 연세 있으신 분들이 관심을 가졌다. 젊은 연령대의 주민들은 전혀 관심을 가지지 않았다.

그 모습을 보면서 영원히 살 것처럼, 지금은 나에게 어떠한 일이 일어나지 않을 것 같은 마음에 전혀 관심을 가지지 않는구나라는 생각이 들었다. 하지만 우리는 전혀 뜻밖의 소식을 전해 들으며 살고 있고 예견하지 못한 사건, 사고에 늘 노출이 되어있다. 그렇기 때문에 우리는 준비를 하고 살아야 한다.

그렇다면 명품 인생을 위해서 우리는 무엇부터 시작해야 할까? 일단 우리는 삶의 끝을 인정하고 삶을 더 사랑하는 법을 배워야 되지 않을까 싶다. 즉 오늘 하루를 충분히 소중하게 여기며 살아가야 할 것이다. 또한 죽음을 받아들이는 태도는 삶의 품격을 만들 수 있다.

준비가 잘 되어있는 사람들은 어떠한 상황에도 흔들리거나 두려워하지 않고 담담하게 모든 일을 대처하는 힘이 있다고 본다. 그리고 대단한 업적을 이루어야지만 명품 인생이 아니라 하루하루 충실하게 살면서 관계가 따뜻하고 나에게 떳떳한 삶을 사는 사람들은 명품 인생을 살아간다고 할 수 있다.

또한 지금 이 순간부터라도 나의 삶을 조금씩 기록해 나가는 습관을 기르기를 당부하고 싶다. 왜냐하면 오늘 이 순간은 지나고 나면 내 머릿속에서 서서히 흐릿해지다가 어느 순간에는 완전히 지우개로 지운 듯이 없어지기 때문이다.

명품 인생은 거창한 이벤트가 있는 삶이 아니라 아무 일도 없는 평범한 하루를 정성껏 사는 데서 나온다고 생각한다. 이런 하루가 모이면, 그 사람의 인생은 어느 순간 '명품'이 되어 있으리라 생각한다.

즉 '시작은 미약하나 그 끝은 창대하리라' 라는 성경 말씀처럼 지금 바로 명품 인생을 실천해야 한다. 어느 누구도 나의 인생을 대신해 줄 수 없다. 오늘 하루를 나답게 살면서 비교하지 않고 나만의 방식대로 잘 살아간다면 이것이 바로 명품 인생을 사는 것이다.

웰다잉 관점에서 나의 마지막 모습과 남아있는 가족들에게 '나'라는 존재가 어떠한 기억으로 남게 될지 생각하면서 앞으로 남은 삶을 채워나가기를 당부하면서 이 글을 마무리 하겠다.

외로울 때 가장 '나'다웠다
- 최영숙 작가

9

작가
최 영 숙

□ 소개
1. 대한웰다잉협회 협회장
2. 평택대학교 사회복지대학원 특임교수
3. A.P.M (Always. Peace. Maker)상담 연구소장
4. 전) 백석대학교 사회복지학부 교수
5. 전) 대한노인회 정책위원
6. 전) 한국호스피스협회 부회장
7. 대전극동방송 "인생을 이야기 합시다" 6년 진행
8. TV 부부 크리닉 그여자, 그 남자 상담 출연
9. KBS 아침마당, 생로병사, SBS, MBC, 시니어 TV 다수 출연
10. 보건복지부장관상 수상
11. 전) 대전지방법원 조정위원

□ 저서
1. 이별은 슬픔만 남기지 않는다 / 도서출판 대한웰다잉협회, 2020
2. 나는 가장 행복할 때 마지막을 생각한다 / 도서출판 대한웰다잉협회, 2020
3. 외로울 때 나는 가장 나다웠다 / 유페이퍼, 2025

외로울 때 가장 '나'다웠다

✦ ✦ ✦ ✦ ✦

　일상이 분주 하다못해 향방을 모를 때가 있다. 눈을 뜨면서 더듬더듬 핸드폰을 손에 잡고 하루의 일정을 확인한다. 짧은 여유가 있을 때는 그래도 아침 인사를 카톡으로 주고받기도 하고 성경 말씀을 묵상하기도 한다. 그래도 그날은 조금의 여유라도 있는 날이다. 그렇지 못하는 날은 일어나면서 가방을 챙기고 차 시동을 걸고 분주하게 목적지를 향한다. 이 사람 저 사람을 만나면서 일정을 소화하고 나면 저녁에는 파김치가 된다.

　나의 하루를 돌아보면서 문득 지친 일상 속에서 조용히 나를 만난다. "나는 어디에서 어디로? 무엇을? 누구와?"라는 질문을 하게 된다. 갑자기 뼛속까지 밀려오는 외로움이 나를 어루만진다. 내가 안쓰럽다 못해 내가 사랑스럽다. 어린아이의 천진스러운 내 모습을 본다. 또 어이없는 무대뽀의 나도 보인다. 또 누군가에게 인정받으려는 가냘픈 모습도 보인다. 어느 면에서는 여장부 같은 담대한 내 모습도 보인다. 혼자서 소리 죽여 울고 있는 내 모습도 보인다. 도대체 어느 것이 나의 참 모습일까?

　누군가 나를 향해 하는 말들은 그들의 생각에 비친 나를 표현하고 있다. 그들은 나를 잘 모른다. 그래서 나름대로 오해를 한다.

그럴 때 나는 더욱 외로워진다. 아무도 나의 진실을 모른 채 나를 이렇게 저렇게 저울질하는 소리를 듣기 때문이다.

그때 나는 바야흐로 나를 더 잘 알 수 있다. 혼자 있을 때, 외로울 때 나는 나를 더욱 꼭 껴안을 수 있다. 나는 나를 더욱 사랑할 수 있고 위로할 수 있다. 그래서 나는 외로울 때 내가 더욱 나답고 나를 사랑하게 된다.

1. 어느 날 갑자기 어른이 되었다.

매년 맞이하는 생일이었지만 유난히 나를 섬뜩하게 놀라게 한날은 회갑이라는 생일이었다. 회갑은 나이 많은 노인의 생일상이라고만 생각했던 날이 코앞에 다가온 것이었다. 60년이란 세월이 숫자를 순서대로 나열하듯이 앞으로나란히 하고 있었다.

나는 제일 앞쪽에서부터 크게 이등분을 해보았다. 결혼 전과 결혼 후였다. 결혼 전을 또 세 등분을 해보았다. 초등학교 시절과 사춘기 시절, 그 후 대학과 처녀 시절의 직장 생활이었다.

초등학교 시절은 그런대로 천진난만하게 산과 들로 쑥을 뜯으러 다니는 낭만으로 행복한 추억이 많았다. 학교를 왜 가야 되는지도 모르고 눈만 뜨면 책보자기를 싸서 뛰며, 놀며, 아이들과 싸우고 멱을 감으면서 놀았던 기억이 미소를 짓게 한다. 개구쟁이 남학생들이 뱀을 잡아 길 앞에 늘어놓고 겁을 주던 일, 집에 가면 심부름 하는 일이 싫어서 동네 어귀에서 약장수 놀이를 하면서 해사 질 때를 기다리며 놀았던 일, 얼마나 철이 없었는지? 집에서 엄마는 잔심부름시킬 일이 많아 얼마나 일손을 기다렸을 텐데 말이다.

사춘기는 누구에게나 그랬듯이 홀로 고독을 씹으면서 나는 누구인지를 열두 번 더 물어보면서 내가 만약 이 땅에서 사라진다면? 즉 중병을 앓거나 죽게 되면 누가 가장 애통해할 것이며 어떤 일이 일어 날 것인가? 라는 사실이 참 궁금했다. 그때 생각에는 내가 죽어도 세상은 아무런 요동이 일어나지 않을 것만 같은? 누구도 애통 지통 가슴 치며 몸서리를 칠 것 같지 않았다. 그러면 내가 살아가는데 무얼 하면 그런대로 행복하다고 느낄 수 있을까? 라는 질문을 한 적이 있다. 내가 어릴 때 어른들이 나에게 "너는 자라서 무엇이 되고 싶어?"라는 질문을 했을 때도 바로 그 자리에서 대답은 못 했지만, 순간순간 혼자서 생각했던 것이 있었다. 그것은 시외버스 안내양이 되는 것이었다. 안내양이 되면 고향을 오고 가는 많은 사람들을 아주 친절하게 실어 나를 수 있을 것 같아 참 행복할 것 같았다. 그래서 베레모 쓴 안내양 참 멋있어 보였다. 다만 그 일이 얼마나 힘들지는 생각하지 못했지만. 가정에서 어느 사람도 공부를 열심히 해서 훌륭한 사람이 되라는 뜻의 관심과 응원을 보여준 기억은 없었다. 다만 주변 가족들에게 크게 혼난 적이 없어서 착하고 얌전하다는 소리를 들은 적은 많았다.

유난히 나에게 관심이 많았던 사람은 8살 위의 셋째 언니였다. 셋째 언니 국민학교 1학년 가을 소풍 가기 전날 태어난 나는 그날로부터 언니의 몫이 되었다. 학교만 갔다 오면 아기(나)를 업고 다녀야만 했다. 술래잡기나 고무줄놀이도 아기(나) 때문에 제대로 못한 언니는 내가 얼마나 성가시고 미웠을까? 그 언니가 나에게 입버릇처럼 한 말은 "너 때문에 내가 못 살아"였다. 그 언니의 미운 정, 고운 정성으로 언니와 같이 자취생활을 했고 언니가 학부모 노릇을 다 해주었다. 부모님은 나에 관한 모든 것을 셋째 언니에게 통째로 맡긴 듯 어떤 진로와 인생에 대해서도 언급하지 않았다. 언니는 직장 생활을 하면서 나를 과외도 시키고 일류 학교에 보내기 위한 학부모 역할을 톡톡히 해주었다.

2. 나에게 꿈이란 환상

언니 덕분에 대학 생활을 하면서 나의 꿈은 낙도의 여교사가 되는 것이었다. 누구도 가기 싫어하는 낙도에 몇 명의 가난하고 외로운 어린아이들을 보모처럼 돌봐 주는 처녀 교사가 참 멋있을 것 같았다. 대학교 시절엔 나에게 관심을 가진 어떤 남학생에게 "나는 결혼하지 않고 낙도의 처녀 교사가 될 것이다"라고 선포를 해서 나를 포기했는데 자기보다 더 먼저 결혼했다는 소식에 배신감을 느꼈다고 나중에 들었다.

대학의 전공을 선택하는 데 교육대학, 사범대학, 간호대학 가운데 많이 고민하게 되었다. 부모님은 선비 사상으로 교직을 선호하셨고, 나는 간호사가 되고 싶었다. 간호사가 되면 나이팅게일 정신에 따라 세상의 빛이 될 것 같은 소망이 생겨 결국은 간호학을 선택하였다. 정작 간호사의 길이 쉬운 것은 아니지만 환자와 보호자에게 나의 인기는 하늘을 찌를 만큼 높아 많은 동료가 부러워했다. 그 이유가 무얼까 생각해 보면 나의 뛰어난 공감 능력 때문이었다. 그들의 아픈 마음이 저절로 나에게 전해졌고 내가 그들에게 해줄 수 있는 최선의 친절은 모두 베풀어 주었다. 이런 것들이 직장의 인간관계에서 갈등이 생길 때마다 해결사 역할을 하게 되었다.

그 후 청년 시절을 지내며 시대가 시대인지라 유신독재 반대 학생 운동이 전국적으로 확산하는 것에 동참하고 정의를 이루는 파수꾼이라는 자부심으로 열심히 외쳤다. 나는 참 겁 많은 나팔꽃 같은 우유부단한 성격인데 어디에서 그런 리더쉽이 나오는지? 후배들과 동무들에게 많은 지지를 얻었다. 그때 그 후배들이 지금도 연락하여 언니 동생으로 만나고 있다.

또 한때는 방랑 시인이나 된 것처럼 이리저리 많이도 방황했다. 세상에서 내가 제일 고독한 것처럼, 노란 은행나무를 보면서 가슴 시리도록 아름답다 못해 서러웠고 주변에 많은 사람들이 있는데도 사막에 혼자 선 선인장처럼 고독하기도 했다.

이것이 하나님을 만나는 계기가 되었고 하나님이 나와 동행하지 않는다면 나는 이 세상의 고아가 될 수밖에 없다는 절박함에서 하나님을 나의 삶에서 떼어 놓을 수가 없었다. 지금도 여전히 많은 사람 속에서 일을 하고 관계를 맺지만, 여전히 외로울 때가 종종 있다. 그때마다 하나님이 나와 함께 하시지 않는다면 나의 소망이 어디에 있을까를 생각하며 위로를 받는다.

그 와중에서도 젊음은 어쩔 수 없는지 처음에는 선후배로 자주 토론도 하고 MT도 같이 다니든 선배님을 존경했던 것이 연인으로 발전되어 6년의 열애 끝에 결혼하게 되었다. 그 당시는 결혼은 누구나 당연히 해야 하는 것으로 알았기에 결혼 자체보다 부모님의 상충 되는 기대로 인해 많은 고비가 있었다. 그러나 두 사람의 사랑이면 모든 것을 극복할 수 있으리라는 확신만으로 겁 없이 결혼해서 가정을 이루었다.

이렇게 내 전반기 30년의 정리는 결혼으로 마무리되었다. 내가 선택한 제2의 인생으로 모든 책임은 내가 지고 가야 하는 중압감도 있었지만, 그것쯤이야 문제가 되지 않았다. 이것이 사랑의 위대함이었다.

3. 사랑은 위대하였다.

이제 30년의 결혼 생활을 또 세 등분으로 나눈다면 30대, 40대, 50대라고 할 수 있겠다.

30대는 무서울 게 없었다. 가난도, 직장도, 자녀 양육도 당연히 견디어 내어야만 하는 줄 알았기에 불평이나 원망도 없이 정말 그 순간만 바라보며 살았다.

작고 큰 어려운 문제도 해결되고 또 살림살이도 하나씩 불어나면서 통장의 잔고도 불어나고 내일에 대한 꿈에 부풀어 발이 불어터지는 줄도 모르는 것이 행복인 줄 알았다.

사소한 어려움은 내가 짊어져야 할 마땅한 십자가로 나의 선택에 대한 책임이었다고 믿었기 때문이다. 아마 내 인생에서 가장 힘들었지만 가장 행복한 시절이 이때라고 말할 수 있다.

아이가 아프고 직장 일이 힘들어도 나에게 세상에 하나뿐인 남편과 아들, 딸이 있었기에 세상은 밝았다. 그들이 나의 전부였고 나의 목표였고 나의 사랑과 신뢰였다. 그러기에 나는 행복했다. 사랑과 신뢰가 있는 관계가 이런 것이 아닐까? 플랭클린의 의미 요법에서 내 삶의 의미는 가족이었다.

가족! 누구나 그러하겠지만 작은 아이가 아파서 병원에 입원하고 나와 둘이 한 주일을 지낼 때 토요일이면 남편과 딸이 병원 현관문을 열고 "엄마!!"라고 달려와 나에게 안길 때의 감격을 나는 잊을 수가 없다. 세상의 온갖 시름이 물안개처럼 사라지는 희열을 느끼는 것이 가족의 힘이었다.

나는 외롭거나 힘들지 않았다. 절대 혼자가 아니기에 어떤 어려움도 나를 초라하게나 슬프게 하지 못했다. 나는 세상에서 가장 행복한 사람이었다.

4. 고독이 나를 키운다

그렇게 40대를 맞이하면서 난 새로운 전환점을 맞게 되었다. 이쯤에서 한숨을 돌이키면서 나를 돌아보는 순간이 되었다. 때로는 내가 아주 유능한 사람인 것 같다가도 어느 순간 나의 존재감이 무너지는 순간을 느낄 때가 종종 있었다. 그 이유를 잘 몰라 나 아닌 또 다른 나를 발견하면서 참 많이 혼란스러웠다. 결국 나를 찾기 위해 심리학을 공부하게 되었다. 상담심리학을 공부하여 나처럼 방황하는 사람을 도와주고 싶다는 생각이 들게 되었다. 다양한 심리학적인 이론을 공부하면서 제일 중요한 것은 나를 발견하게 된 것이었다. 나는 왜 이럴까? 를 계속 되뇌면서...

나는 종갓집 7남매 중 다섯째로 태어났다. 7남매는 딸 여섯에 막내가 아들이었다. 대종손의 대를 이을 아들이 꼭 있어야 하기에 아들 나올 때까지 낳다 보니 내가 태어났지만 '혹시나'가 '역시나'가 되어 부모님과 집안사람들에게 실망하게 하기에 충분한 존재였다.

그럼에도 나는 집안의 귀여움을 받아보겠노라고 온갖 재주를 다 부리며 이쁜 짓을 하고 다녔다고 했다. 동네 어른들이 사랑방에 모여 땅콩을 까거나 새끼를 꼴 때도 나는 가운데서 노래면 노래, 춤이면 춤을 추면서 온갖 재롱을 떨었던 기억이 생생하다.

 동네 어귀에 나가면 젊은 새댁 아주머니들의 어린애를 내가 도맡아 업어 주어 그들에게 칭찬이란 칭찬은 다 받았다. 초등학교에서도 선생님의 이쁨을 받기에 충분할 만큼 열심히 말을 잘 듣는 모범생이었다. 또한 친구들하고 어울려 놀기를 잘하는 장닭 같은 존재였다. 장닭은 아이들을 내가 몰고 다녔다는 것이다. 그랬기에 나는 내가 참 착하고 똑똑하고 인기도 있고 공부도 잘하는 꽤 괜찮은 사람인 줄 착각할 때도 있었다.

 그런데 종종 휘몰았듯 밀려오는 공허함과 외로움은 나를 너무나 초라하고 슬프게까지 만들 때는 스스로 감당하기가 참 힘들었다. 그런 감정이란 늪에 나를 빠트리고 싶지 않아 잠시도 가만히 있지 못하고 부지런히 움직였다. 꽃꽂이, 테니스, 기타, 수영, 드디어 연극에 몰입하여 시민극장에서 막을 올리기도 했다. 한때 유명했던 탤런트 한인수와 함께하기도 했다.

 그러던 어느 날 나는 나를 발견하고 나를 이해하고 나를 향해 안쓰럽게 울기 시작했다. 어린 내면의 아이 속에 웅크리고 있는 외롭고 서러워서 초라하게 울고 있는 아이였다. 그 아이가 불쌍해서 그 모습을 버스 안내양에게, 낙도의 불쌍한 아이들에게, 병들어 고통 받는 환자들과 보호자들에게, 아기를 업고 농사일을 하는 아낙네들에게, 길가에 앉아 있는 노장의 할머니들에게 나를 투사시켜 그들을 그렇게 돕고 싶었다는 것을 알게 되었다. 곧 그들이 불쌍한 것이 아니라 내가 불쌍했는데 그들이 곧바로 나라는 사실을 알게 되었다.

간호학을 공부해서 몸이 아픈 이들에게 관심을 가졌다면 심리학을 공부해서 마음이 아픈 사람들, 특히 나 같은 사람에게 유난히 많은 관심을 가져서 한때 방송 등을 통해 훌륭한 상담자로 알려지기도 했다. 상담자로서도 참 행복하고 보람 있는 일들이 많았다. 그러나 내 40대는 사춘기 때 겪어보지 못한 나를 찾아 떠나는 고독한 여행을 시작하게 되었다.

옛 어른들의 말씀에 "먹고살 만하니 배부른 소리 한다"라는 것처럼 나를 찾아서 몸부림치는 순간이 그렇게 외롭고 서러울 수가 없었다. 그동안 여기까지 오느라 헤매었던 몸부림, 내가 이루었다고 생각했던 사회적인 경력, 명예, 부, 내가 가장 사랑했다고 생각했던 사람들, 가족들까지 나에게 어떤 의미가 있나? 반신반의 하지 않을 수 없었다.

So what!!! 이 모든 것이 나에게 주는 의미는 무엇인지? 알 수가 없었다. 겉으로 보이는 것들과 내면의 내 모습이 다르게 느껴질 때 "빛 좋은 개살구!"라는 말이 딱 와닿는 상황이었다.

내가 지금까지 울었던 모든 울음을 다 모아도 이렇게 슬프지는 않을 것 같았다. 아무리 울어도 그치지 않는 눈물샘은 막을 길이 없었고 내가 사랑이라고 외쳤던 것들이 나만의 착각에 의한 집착이었고 앞으로 내가 살아가야 할 목표가 없어졌다고 느낄 때 나는 무너질 수밖에 없었다. 내 주변의 상황이나 사람은 바뀌지 않았는데 나의 시선, 관점이 바뀌고 보니 나는 아무도 없는 이 세상이라는 사막에 홀로 선 선인장일 뿐이었다.

　많은 다양한 어릴 적 동무들을 만나 보아도 그들의 당당함은 나에게 위축감을 느끼게 하였고 어디를 보아도 작아지는 나의 정체감은 드러낼 수가 없이 초라했다. 아니 바보스러웠다. 그동안 내가 이루었다고 한 학위와 경제적인 여유, 좋은 직장, 사랑한다고 생각했던 가족들 조차도 낯설게만 여겨졌다.

　이까짓 것! 부질없는 것! 이라는 허무감이 겹치도록 찾아오는 것이 중년의 우울이라 명칭을 붙일 수도 있겠지만 그 병명이 문제가 아니라 정말 이 세상을 살아갈 희망이 아닌 절망감밖에 보이지 않았다.

　주변 지인들은 사치스럽다, 복에 겨워 부르짖는 절규라고 할 수밖에 없겠지만 나에게는 사랑할 사람도, 신뢰할 사람도, 의미 있는 일도, 기대되는 행복도 와르르 무너졌다고 느껴졌다. 그때 나만 불행해지는 것이 아니라 내 주변이 모두가 힘들어지고 있다는 것을 알게 되었다.

5. 내 마음 깊이 남의 마음을!

주변 지인들은 사치스럽다, 복에 겨워 부르짖는 절규라고 할 수밖에 없겠지만 나에게는 사랑할 사람도, 신뢰할 사람도, 의미 있는 일도, 기대되는 행복도 와르르 무너졌다고 느껴졌다. 그때 나만 불행해지는 것이 아니라 내 주변이 모두가 힘들어지고 있다는 것을 알게 되었다.

내가 8살쯤 되었을 때 기억이다. 아버지 사랑방 청소를 하러 걸레를 들고 갔다가 따뜻한 아랫목에 누웠다. "만약 내가 지금 죽는다면 누가 가장 먼저 찾아올까? 누가 가장 안타까워할까?" 그 장면을 확인하고 깨어났으면 좋겠다고 생각했던 적이 있다. 그만큼 나는 누군가의 절절한 인정과 사랑에 목말라 외로워했던 무의식적인 기억이 있었다.

그래서 나는 외로운 사람, 가난한 사람, 서러운 사람들에 대해 관심이 많았다. 이것이 어느 날 몸이 아픈 환자들에게, 가난한 거지들에게, 죽음을 앞둔 외로운 사람들에게 공감과 지지를 잘 해줄 수 있는 상담자가 될 수 있었던 것이다.

내가 "더 이상 삶에 대한 의미가 없고 어느 날 나에게 죽음이 다가온다면"이란 질문에 봉착했다. 나 스스로에게 질문 해보았다. "너의 삶은 어떠했니? 너에게 한 달 밖에 삶을 주지 않는다면?" 등

등으로.

 나는 이렇게 대답했다. "나는 이 세상에서 정말 열심히 나름대로 최선을 다해 신실하게 살았다고 자부한다. 그러기에 오늘 나에게 마지막이 온다 해도 나에게도 가족과 이웃에게도 부끄러움과 미안함은 없다. 다만 내면의 나에 대한 연민은 있다. 좀 더 나를 외롭게 하지 않았으면 좋았으련만….그럼에도 나에게 영생에 대한 소망이 있기에, 그곳에서의 삶이 기대되기에 위로가 된다.

 그렇게 되어 호스피스 봉사를 하게 되고 죽음을 두려워하는 자에게 죽음의 정체를 알아가도록 돕는 일을 하게 되었다. 처음에는 나의 죽음에 대해 연구하기 시작한 것이 너와 우리 모두의 삶과 죽음에 대해 통합하는 계기가 되었다.

 어릴 적부터 나는 죽음에 대한 관심이 남달랐다. 오빠의 죽음, 할머니의 죽음을 직면했을 때 우리 가정은 하늘이 무너지는 절망감에서 허덕이는데 세상은 아무런 잔잔한 일상을 누리고 있는 것이 도저히 이해가 안 되었다.

 그래서 죽어가는 사람들의 심정이 나에게 와 닿아 같이 울기도 하고 두려워하기도 하면서 죽음을 연구하게 되었다.

6. 내 마음이 가장 조용할 때

나의 마지막 임종의 모습을 종종 생각해 본다. 혹시 어떤 질병으로 마지막 병상에 머무를까? 만약 암이라면 나는 수술은 하겠지만 항암을 할 것인가? 항암치료를 안 하는 가운데 몸이 점점 더 쇠약해지면 나는 어디서 무엇을 할까? 이 순간을 생각하면 무척 외롭다. 나의 일상이 연속이 안 이루어지고 여기가 마지막이라면!

엊그제 한 후배가 암 수술하러 가기 전에 마지막 예배를 보고 찬양을 했다. 내일 입원하고 수술하면 항암과 계속되는 치료로 더 이상 이전처럼 찬양과 봉사를 할 수 없다는 사실에 하염없이 흘리는 눈물을 보았다. 오늘이 연속이 안 되고 멈추어진다는 것만으로도 무척 외로워진다. 누구의 어떤 위로도 도움이 되지 않을 것이다.

이 가운데서 나는 이런 꿈을 가져 본다. 내가 말기로 진단을 받게 된다면 나는 익숙한 집에서 진통제를 맞으면서 글을 쓰고 싶다. 그 순간의 진솔한 감정을, 남은 자들에 하고 싶은 말들을 개개인에게 편지 형식으로 남기고 싶다. 물론 하나님께 드리는 기도문도 작성하고 싶다. 글을 쓰다가 힘이 들 때는 성경 말씀을 듣고 싶다.

또 내가 의식이 있고 너무 쇠약하지 않은 상태일 때 내 집에서 한 5일 동안 생전 감사 이별식을 하고 싶다. 1일째는 친정 식구들을 초대하고 2일째는 시댁 식구들, 3일째는 웰다잉 협회 식구들,

4일째는 교회 식구들, 5일째는 친구와 후배들을 초대해서 일일이 인사하고 그들에게 개인적으로 써둔 편지와 선물을 전달하고 싶다. 모두 만난 후 마지막에는 내 가족들, 남편과 딸, 아들, 사위, 며느리, 손자와 손녀들과 함께 작은 이벤트처럼 의미 있는 촛불행사를 하고 서로 편지를 주고받으며 내가 주고 싶은 선물과 당부를 하고 싶다. 이때 동영상을 꼭 남기고 싶다. 나의 장례와 유산 등에 대해서는 미리 정리 해두었기에 걱정하지 않는다.

 얼마 전까지만 해도, 지금까지의 삶에서 나를 가장 아프게 했던 그 사람을 내가 죽기 전에 꼭 한 번 만나고 싶었다. 그가 나에게 미안해하며 우는 모습을 보고 싶었다기보다는, 꼭 한 번은 짚고 넘어가고 싶은 말이 있었기 때문이다. "그때 왜 그랬어? 나는 너를 용서한 게 아니라, 너에 대한 기대를 포기했었던 거야."
그렇게 독한 말을 던지며 따져 묻고 싶은 사람이 있었다.

그런데 이제는 그 마음조차도 사라져 간다.
모든 것이 부질없다는 생각이 든다.
그가 내 임종 앞에서 미안해하며 울고 있을 때, 나는 그저 두 눈을 감고 있거나, 그의 눈을 바라보며 말없이 이렇게 말할 수 있을 것 같다.
"괜찮아, 그럴 수도 있지."

 이런 나의 꿈은 현재 이웃들에게 또 꿈틀거린다.

나에게 여유 있는 시간과 건강이 있다면 우선 호스피스 환우들에게 찾아다니면서 자서전을 써주고 싶다. 사람들은 남의 이야기를 들을 때보다 자신의 이야기를 할 때 자가 면역 호르몬이 많이 나온다고 한다. 한 사람이 이 세상에 왔다가 떠나는 삶을 아무런 흔적도 남기지 않는다고 한다면 얼마나 서운할까? 그들이 의식이 있을 때 출생에서 현재에 이르기까지 삶의 희로애락을 물어준다면 그들은 얼마나 할 말이 많을까? 그것을 글자로 변환하고 사진을 첨가해서 작은 자서전을 만들어서 살아계실 때 보여드리고 그분의 장례식에 오신 분들에게 한 권씩 전해드릴 수 있다면 얼마나 의미 있을까? 이 자서전을 경로당 어르신들께도 써 드릴 수 있다면 더욱 좋겠다.

또 다른 꿈이 꿈틀거린다.
나도 의미 있는 생전 이별식을 하고 싶은 것처럼, 병상에 있는 환자들에게도 의식이 있을 때 가까운 친구나 지인들을 초대해 병상에서 이별식을 해드리고 싶다. 또한 시골의 장수 어르신들을 위한 구순 잔치나 백수(100세) 잔치에 생전 이별식의 형식을 더해, 부모와 자녀 간의 편지 주고받기, 유언장 낭독, 축가, 선물 전달, 생전 인터뷰를 통한 영상 자서전 등을 준비해 드리고 싶다.

요즘 독거노인, 1인 가구 노인들이 무척 많다. 이들의 고독사 예방을 위한 이웃 연결 단을 만들어 사전에, 장례에 대한 상담을 도와주고 싶다. 그래서 그들이 원한다면 장례 주관자로 그들을 외롭게 가시지 않도록 도와주고 싶다.

 이와 더불어 홀로 계신 어르신들이 마지막을 요양원에서 외롭지 않게 돌아가시지 않도록 케어비엔비(지역돌봄센터)를 만들어 마지막에 그룹홈처럼 같이 돌봐 드려서 마지막 임종까지 지켜드리는 돌봄서비스센터를 운영하고 싶다. 나도 늦게는 그곳에서 그들과 함께 있다면 외롭지 않게 보내주고 보냄을 받고 갈 수 있지 않을까?

 또 꿈이 꿈틀거린다.
이 세상이 아름답고 평화롭게 정의가 강같이 흐르기를 간절히 바란다. 그러기 위해서 내 마음에 평화가 잔잔히 흐르기를 바란다.

 어린 내면의 내가 늘 외로우면서도 외롭지 않은 것처럼 밝고 씩씩한 척 남을 배려하는 듯 도와주면서 행복했던 것은 그들이 바로 나였기 때문이었다. 또한 죽음 앞둔 사람들의 외로움 또한 바로 나였기에 그들을 돕고 싶고 그들과 함께하고 싶기에 내가 이 세상 끝나는 날까지 가난하고 병들고 외로운 사람들과 나는 함께 하리라. 이것이 또한 하나님께서 나를 이 세상에 보낸 이유이고 곧 사명 이라고 생각한다. 애통해하는 자와 같이 슬퍼하고 기뻐하는 자와 같이 기뻐하며 그분이 나를 부르실 날을 기다리며 내 안의 나를 토닥거린다.

 나에게 의미 있는 사람은 가족과 지인뿐만이 아니라 나의 도움이 필요한 사람, 내가 보내는 의미 있는 시간은 마지막까지 사랑하는 사람에게 용서와 화해로 준비하는 시간이다.

7. 혼자 있을 때 비로소 나와 마주하다

나는 혼자 있는 것을 별로 좋아하지 않았다. 대가족에서 자란 탓도 있지만 늘 주변에 사람들이 있는 것을 좋아했다. 성격상 외향적인 탓도 있겠지만 사람들 속에서 흥이 나고 새로운 에너지가 솟는 경우가 많았다. 그러기에 혼자라는 것! 외롭다는 것! 누군가를 사랑하지 않는 것! 누군가로부터 기대를 내려놓는 것! 이 모든 것이 무척 나를 아프게 했다. 반대로 얘기한다면 나는 누군가를 사랑하지 않고 기대하지 않고 신뢰하지 않는 것은 슬픈 일이었다. 그래서 상대의 뜻과 상관없이 나는 일방적인 짝사랑과 의존을 많이 했었다.

내가 그를 불쌍히 여기면 내식으로 도와주고 그를 사랑한다는 확신이 있을 때는 나의 전부를 주는 심정으로 다가갔다. 이것이 그에게 부담이 된다는 생각은 추호도 하지 않은 채! 그들이 나의 이 뜨거운 열정에 화상을 입는지도 모르고 말이다.

나의 사랑이 일방적인 짝사랑이라는 사실을 알게 된 것이 나에게는 가장 큰 상처이고 상실이었다. 사랑의 실연에 빠진 사람들의 심정을 십 분의 일이라도 이해할 수 있을지는 모르지만..

그 아픈 가슴으로 나는 멈출 수 없는 울음을 주워 담았다. 먼 산을 바라보듯 넓은 세상을 내려다보았다. 그곳에는 나 홀로 빈 들판에 서 있었다. 여기저기서 얼핏얼핏 사람들의 인기척이 들리는 듯하지만 내 가까이는 다가오지 못했다. 나의 외마디가 너무 날카로워서. 나도 더 이상 아무렇지 않게 그들에게 다가가지 못했다. 그들이 나로 인해 너무 아팠다는 사실이 너무 이해할 수가 없어서.

그래서 나는 혼자인 것을 알게 되었다. 그들이 모두 나를 떠나갈 수 있다는 사실을 알게 되었다. 그래도 나는 더 이상 그들을 잡을 수 없다는 것을 알기 때문이다. 바위섬의 파도처럼 부서지는 파도들이 한꺼번에 밀려왔다가 모두 떠나고 홀로 남는 바위섬처럼 외로워도 서러워도 견디어야 한다는 것을 알게 되었다.

그럼에도 나는 종종 또 기대하다 가는 정신을 차리고 홀로 서려고 냉정을 되찾는다. 그럴 때마다 참 외롭다. 혼자라는 것이, 믿고 의지할 사람이 없다는 것이,

그때 나는 정말 나와 마주하게 된다. 잠시나마 누구를 향한 일방적인 신뢰나 사랑을 한 것에 대해서 냉철한 의식으로 분석해 본다.

남을 통해 바라본 나는 그들의 관점에서의 나 일뿐이다. 나의 부족함도, 연약함, 우유부단함도, 어리석음조차도 나이다. 나의 이 모습을 내가 껴안지 않으면 아무도 품어줄 사람이 없다. 나를 이해해

주지 않는다고 원망할 수도 없다. 그들은 그들의 관점에서 그들의 몫이기에….

나는 이런 나의 모습조차도 사랑한다. 이 모습 자체가 나이니까! 누구에게 기대도, 원망도 아닌 나 자신의 모습으로 당당히 사는 날까지 살아갈 것이다.

참 자유롭다.
참 편안하다.
참 여유가 있다.

이것이 내가 혼자 있을 때 나는 비로소 나와 마주한다.
그리고 참 자유로움을 느낀다.
더 이상 누구로 인한 것이 아닌!
많은 사람들이 내 주변에 있어도 없어도!
그들이 이렇든 저렇든 그럴 수 있는 것에 대한 용납도!
화가 나지 않는 자유로움이 참 내가 나인 것을 알게 되면서 이것이 외로움이 아니란 것을 알게 된다.

외로운 나를 사랑한다.
외로울 때 나는 가장 나다웠기 때문이다.

웰다잉과 나의 힐링 스토리
- 최유재 작가

작가

최 유 재

❏ 소개

1. 시니어일자리연구소 대표
2. 금융소비자연맹 전문위원(강사)
3. 대한웰다잉협회 정회원, 엔딩플랜 상담사
4. 창업창직교육협회 이사

❏ 저서

1. 나를 나답게 만드는 목표설정 AGAIN / 모아북스, 2004
2. 인생의 Half Time을 위한 4050 성공클릭 / 조은출판, 2007
3. N잡러 컨설턴트 교과서(공저) / 브레인플랫폼, 2022
4. 은퇴는 제2의 희망이다 / 유페이퍼, 2025
5. 은퇴 후, N잡러로 살아가기 / 유페이퍼, 2025
6. 고전에서 배우는 은퇴자의 처세술 / 유페이퍼, 2025
7. 웰다잉과 나의 힐링 스토리 / 유페이퍼, 2025

❏ 연락처

인스타: yoojaechoi1205
블로그: https://blog.naver.com/success7788
이메일: success7788@naver.com

웰다잉과 나의 힐링 스토리

✦✦✦✦✦

1. 인생 후반부, 새로운 길을 찾다

 50대 초반, IMF라는 거센 파도가 제 삶을 송두리째 흔들어 놓았다. 오랫동안 이어오던 해외 연수 사업을 접으며 눈앞에 닥친 현실과 마주해야 했다. 그때부터 막연한 불안이 밀려왔다. '앞으로 어떻게 살아가야 할까?' 특별한 기술도 없는 내가 10년 후의 삶을 그려보는 것은 그 자체로 큰 숙제 같았다.

 그동안 쌓아온 교육 분야의 경험을 떠올리며, 강의를 시작해 보는 건 어떨까 하는 생각이 스쳤다. 하지만 강의 시장 역시 녹록지 않았다. 그런 대도 불구하고, 다수의 기업과 지인들의 도움 덕분에 힘든 IMF 시기를 잘 이겨낼 수 있었다.

 60대에 접어들 무렵, 나는 교육 대상을 기업 임직원에서 사회단체와 시니어 계층으로 바꾸는 도전을 시작했다. 같은 연령대의 사람들과 소통하며 공감하는 일이 더 자연스러울 것 같았고, 지금 돌이켜봐도 참 현명한 선택이었다고 느낀다.

 무엇보다 최근 선택한 웰다잉 강의는 시대가 요구하는 흐름과 맞닿아 있어 보람이 크다. 앞으로는 웰다잉 교육 과정을 통해 만난 강사님들과 협력하여, 웰다잉 문화를 널리 알리고 많은 사람이 삶의 마지막을 존엄하게 준비할 수 있도록 돕고자 한다. 인생의 새로운 페이지를 열며, 또 다른 도전을 마주할 날들이 설레고 기대된다.

2024년, 웰다잉 교육 과정을 통해 대한웰다잉협회와의 특별한 인연이 시작되었다. 단순히 과정을 수료하는 것으로 끝날 거로 생각했지만, 지금처럼 깊이 빠져들게 될 줄은 미처 알지 못했다. "웰다잉은 내 삶에 새로운 길을 열어주었다."

엔딩플래너 상담사 과정을 하면서 친밀감은 더욱 높아졌다. 처음에는 여기까지만 했는데, 그 사이 전자책 쓰기를 하면서 수료생끼리의 연대는 더 깊어졌고, 이제는 책 쓰기가 취미가 될 정도로 재미와 흥미를 느끼고 있다. 여기에서 혼자보다는 우리가 낫다는 말을 실감한다. 존 스팩터의 글, '나보다 똑똑한 우리'가 생각난다.

2. '삶의 마지막을 빛나게 하는 여정: 웰다잉'

삶의 마지막 페이지를 아름답게 채운다는 것은, 어떻게 살아야 좋은 마무리를 할 수 있을지 지혜를 얻는 과정이다.

10여 년 전, '웰다잉'이라는 단어는 나에게 낯설고 무겁게만 느껴졌다. 어느 날 갑작스럽게 들어온 죽음 교육 강의 요청은 내게 적잖은 거부감을 주었고, 시기상조라는 생각에 강의를 다른 주제로 바꾸는 일이 있었다. 그렇게 웰다잉은 나에게서 잠시 잊힌 주제였다.

 하지만 노인 사회활동 지원사업에서 어르신들과 함께하게 되며, 나는 중요한 깨달음을 얻었다. 사람들과 삶의 마지막 여정을 나누고 공감하는 일이 얼마나 소중한지, 그리고 그 과정에서 슬픔과 상실감을 치유하는 것이 얼마나 필요한지 말이다. 특히, 사랑하는 이를 떠나보낸 슬픔은 무엇으로도 쉽게 위로되지 않음을 알게 되었고, 나는 그런 아픔을 보듬으며 마지막 순간을 조금 더 따뜻하고 아름답게 보낼 수 있도록 돕고 싶다는 마음을 품게 되었다.

 2024년, 운명처럼 웰다잉 강사를 만나면서 내게 새로운 길이 열렸다. 웰다잉 기초 과정부터 심화 과정, 엔딩플랜 상담사 과정까지 하나씩 배워나가며, 삶의 마지막을 준비하기 위해 필요한 지혜를 얻는 값진 시간을 보냈다. 그 과정에서 한 단체로부터 웰다잉 강의 의뢰를 받게 되었고, 이를 계기로 웰다잉에 대한 사회적 인식이 조금씩 성숙해지고 있다는 것도 느낄 수 있었다. 그때부터 나는 웰다잉 전도사로서의 삶을 시작하기로 결심했다.

 삶의 마지막 순간까지 존엄하고 아름답게 마무리하도록 돕는 것, 그것이 내가 걸어가고자 하는 길이다. 웰다잉 교육을 통해 많은 사람이 자신의 마지막 페이지를 따뜻하고 아름답게 채워갈 수 있도록, 그 여정에 함께하고 싶다.

3. '웰다잉이 전하는 행복의 지혜'

우리는 모두 행복한 삶을 꿈꾼다. 하지만 죽음에 대한 막연한 불안과 두려움은 때때로 우리를 현재의 행복에서 멀어지게 만들곤 한다. 웰다잉 교육은 이러한 불안을 덜어내고, 삶의 마지막 단계를 따뜻하고 긍정적으로 받아들일 수 있도록 도와준다. 이를 통해 우리는 지금, 이 순간에 더욱 집중하며, 주어진 시간을 후회 없이 소중히 살아갈 수 있게 된다.

죽음을 준비하고 마주하는 과정은 아이러니하게도 삶의 귀중함을 깨닫게 해준다. 웰다잉 교육은 삶이 유한하다는 사실을 깨우쳐주며, 현재 우리가 맺고 있는 관계와 누리고 있는 경험에 대한 감사한 마음을 불러일으킨다. 이런 마음은 우리가 지금, 이 순간에 충실하며, 더 행복한 삶을 살아갈 수 있도록 든든한 밑거름이 된다.

결국 웰다잉 교육은 죽음을 통해 오히려 삶의 가치를 더 환히 비추고, 우리의 삶의 질과 행복을 한층 높여주는 특별한 여정이라 할 수 있다.

4. '보슬비 내리는 봄날, 소소한 행복을 마주하다'

4월의 어느 날, 만개한 벚꽃 사이로 보슬비가 촉촉이 내리는 여의도 윤중로를 거닐고 있었다. 하염없이 내리는 봄비를 맞으며 한

강 수변을 바라보니, 문득 어린 시절 섬마을에서의 추억이 떠오르며 고향에 대한 그리움이 스며들었다. 바다와 강은 늘 나에게 그리움과 평안을 안겨주는 특별한 존재였다.

그 순간 고향 친구가 떠올라 전화를 걸었다. "종로 광장시장에서 막걸리 한잔할래?"라는 제안에 친구는 흔쾌히 응했고, 우리는 금세 광장시장에서 만났다. 막걸리와 빈대떡, 그리고 생선튀김을 곁들인 소박한 한 상, 그 곁에서 어린 시절의 추억과 지금의 일상에 대해 정답게 이야기를 나눴다. 단출했지만 마음이 따뜻해지는 시간이었다. 이 특별한 순간을 간직하고 싶어 핸드폰을 꺼내 사진을 찍고, 페이스북에 올렸다.

예상치 못한 일이었다. 막걸리와 빈대떡이 담긴 나의 일상이 페이스북 친구들에게 큰 반향을 불러일으켰다. "참 행복하게 사시네요."라는 첫 댓글이 눈에 띄었고, 그 뒤로도 많은 공감과 응원의 댓글이 이어졌다. 막걸리와 빈대떡이 뭐 그리 특별하다고 이런 반응일지 생각했지만, 그 속에서 사람들에게 전달된 따뜻함과 공감이 느껴졌다.

그 순간 나는 깨달았다. 소소한 일상 속 작은 즐거움, 그것이 바로 작지만 확실한 행복이란 것을. 나이가 들수록 거창한 꿈이나 큰 행복은 점점 멀게만 느껴지지만, 이렇게 하루하루의 소소한 순간에서 느끼는 감동이야말로 진정한 행복이 아닐지 생각했다.

이 작은 깨달음은 웰다잉과 맞닿아 있다. 웰다잉은 단지 삶의 끝을 준비하는 것이 아니라, 남은 하루하루를 더욱 의미 있고 충실하게 살아가기 위한 지혜를 배우는 과정이니까. 결국, 삶의 마지막을 아름답게 준비하기 위해서는 크고 화려한 행복이 아니라, 일상에서 발견되는 작고 따뜻한 순간들이 쌓여야 한다는 것을 느꼈다. 우리가 찾고 추구해야 할 행복, 그리고 웰다잉의 의미도 결국 이런 소소한 순간에서 살아나는 것이 아닐까?

5. '강의와 여행, 그리고 나의 힐링 스토리'

나는 혼자서 돌아다니는 것을 무척 좋아한다. 이런 취향을 사람들은 흔히 '역마살'이라 부르기도 한다. 그러나 일상에 매여 있다 보면 여행은 결코 쉬운 일이 아니다. 그래서 강의하러 지방으로 떠나는 일은 자연스럽게 강의와 여행을 동시에 즐길 기회가 된다. 강의도 하고, 일상에서 잠시 벗어날 수 있는 탈출의 재미가 있다는 점에서 매력적인 경험이다.

특히, 70세가 넘어도 이렇게 꾸준히 강의할 수 있다는 사실은 나에게 큰 기쁨이다. 때로는 숙박 교육이 있을 때 풍광 좋은 리조트에서 여유로운 휴식까지 누리는 기쁨은 덤이 되곤 한다.

기억에 남는 강의 여행 : 진주 남강 유등 축제
기억에 남는 강의 여행 중 하나는 진주 남강 유등 축제였다. 이틀

간의 강의 일정으로 부산을 방문했을 때다. 첫날 강의를 마치자마자 진주로 발걸음을 옮겼다. 이 축제는 그저 단순한 유등 축제가 아니다. 멋진 등불과 함께 먹거리, 볼거리, 즐길 거리가 어우러진 축제로 마음이 풍요로워지는 특별한 경험이었다.

축제를 만끽한 뒤 다시 부산으로 돌아와 둘째 날 강의를 마치고 집으로 향했는데, 강의와 여행 모두충만 했던 행복한 일정으로 오래도록 기억에 남는 여행이 되었다.

내 제2의 고향, 부산에서 강의 여행
부산은 나에게 제2의 고향과도 같은 도시다. 고향인 완도를 제외하면 가장 자주 방문한 곳이기도 하다. 무엇보다 군대 생활을 이곳에서 3년 동안 하다 보니 지리에 익숙한 이점도 있고, 오랜 친구들도 많이 살고 있어 특별한 애정이 생긴 도시다.

특히 금요일에 들어오는 강의 의뢰는 더 반갑다. 숙박 강의가 아니더라도 여유롭게 1박을 하고 해운대나 광안리 해변에서 멀리 수평선을 바라보며 고향을 떠올리는 행복한 시간을 보낼 수 있기 때문이다.

강의 여행 중에는 특별한 인연을 만나기도 한다. 한 번은 부산에서 강의를 마친 뒤 바닷가 근처 식당에 들어갔는데, 우연히 군대 시절 함께 근무했던 옛 전우를 만났다. 그는 오랫동안 그곳에서 횟

집을 운영하며 살아왔다고 한다. 이런 뜻밖의 만남은 강의 여행이 주는 또 다른 선물이다.

광안리에서 찍은 멋진 풍경은 사진으로 남겨 페이스북에 올리면 친구들과 그 순간을 간접적으로 공유할 수도 있다. 이렇게 강의 여행은 작은 힐링의 시간이자, 강의를 풍성하게 만들어주는 소재가 되기도 한다.

또 하나의 특별한 추억 : 불국사를 만나다.
또 잊을 수 없는 강의 여행은 경주시 안강읍에서 있었던 강의다. 강의를 마치고 내가 오랫동안 가고 싶어 했던 불국사를 드디어 탐방할 수 있게 되었다. 강의 일정이 없었다면 좀처럼 갈 수 없었을 그곳에서, 고즈넉한 고찰의 아름다움에 흠뻑 취하며 마음의 여유를 느낄 수 있었다. 강의가 이렇게 소중한 기회를 만들어주기도 한다.

강의와 여행, 그리고 웰다잉의 만남
많은 사람이 은퇴 후에는 여행이나 하면서 살겠다고 이야기한다. 하지만 지금의 노후는 이전보다 훨씬 길어졌다. 그래서 현대의 노후는 더 의미 있고 필요한 일을 지속하는 시간이기도 하다. 이 일이 취미가 되었든, 봉사활동이 되었든, 수익을 위한 일이 되었든, 각자의 삶에 맞는 길을 찾는 것이 중요하다.

나는 웰다잉을 접하면서 또 하나의 새로운 문을 열었다. 웰다잉 문화 확산을 위해 지역 커뮤니티 활동과 강의를 지속할 계획이다. 강의를 통해 여행하고, 여행 속에서 얻은 경험을 강의로 풀어내는 이 아름다운 순환이 제 삶을 더욱 풍요롭게 만들어 주고 있다.

강의는 나에게 단순한 일이 아니다. 그것은 곧 새로운 인연을 만나고, 나 자신을 힐링하며, 세상과 연결되는 의미 있는 여정이다. 앞으로도 강의 여행을 통해 더 다채로운 삶의 이야기를 만들어갈 수 있기를 기대한다.

6. '인생 2막의 도전에는 쉼표가 없다!'

"해 보고 싶은 게 있다면 꼭 해봐야 한다. 꿈은 내가 정하는 것이다. 누군가 대신 만들어주는 게 아니다." 주위 평판에 휘둘리지 말고, '내 진짜 인생'을 살아야 한다.

늦은 나이에 본 면접, 설렘과 도전의 시작

나이 들어 면접을 본다는 건 어떤 기분일까? 설렘, 두려움, 혹은 기대… 어느 날, 스마트폰 사진첩을 보다가 2020년 면접 전 스스로 찍었던 셀카를 발견했다. 당시의 감정이 새록새록 떠오른다.

그해 3월, 국립중앙도서관에서 국제회의장 강연자를 모집한다는 이메일을 받았다. 1차 서류 전형과 2차 면접을 거쳐 총 8명을 선발하는데, 무려 80명이 지원했다. 대부분 40~50대 현직 교수들로 경쟁이 치열했다. 나는 '나이도 경쟁력이 될 수 있다.' 는 생각으로 과감히 도전했다.

코로나19로 인해 많은 강연이 취소된 터라 "떨어져도 괜찮다"라는 마음가짐으로 지원했고, 강연 주제로 〈은퇴 후, 사회활동 무엇을 해야 하나?〉를 선정해 서류를 제출했다. 운 좋게도 서류전형을 통과했고, 면접과 시연회까지 무사히 마쳐 최종 합격할 수 있었다. 그때의 경험은 나에게 큰 자신감을 심어 주었다.

성장과 변화를 끌어낸 계기
이 경험을 계기로 내 생각에 큰 변화가 생겼다. "나이 든 후 강의나 조금씩 하면서 편히 살아야지"라고 마음먹었던 나지만, 기업이나 공무원 퇴직자(또는 예정자)를 대상으로 본격적인 은퇴 설계 강의를 다시 시작하기로 결심했다.

나는 10여 년의 사회적 경험을 바탕으로 사례 중심의 강의가 경쟁력이 있겠다는 생각으로 준비를 시작했다. 그 결과, 한국**원자력 퇴직 예정자를 대상으로 한 미래설계 과정, 국립대학교 주관 전국 초·중·고등학교 교장 대상의 은퇴설계 과정 등 다양한 강의를 맡으며 활발히 활동할 수 있었다. 과거 공무원연금공단 주관 퇴직 공무원 강의를 했던 경험이 이번 도전에 큰 도움이 되기도 했다.

다양한 청중들과 공감하기

최근에는 서울 대학로 마로니에공원 야외무대에서 불특정 다수의 사람을 대상으로 강연한다. 많은 사람과 자유롭게 교류하며, '있는 그대로의 나'를 사랑하게 되었고, 지금이 참 좋다는 것을 느꼈다. 앞으로도 내 마음이 시키는 대로 열정을 따라 살아가려 한다.

나는 은퇴자와 예정자들에게 이렇게 말하고 싶다.
"과거의 영광을 내려놓고, 지금부터 새로운 시작으로 리셋 하세요."
나는 이제까지의 경험을 나누며 많은 사람에게 즐거움과 영감을 줄 수 있기를 바라고 있다.

내 인생 2막, 다양하고 풍요롭게

지금 나는 은퇴 설계와 웰다잉, 그리고 노인 사회활동 지원사업에 참여하는 어르신들을 대상으로 소양 및 직무교육 강의를 하고 있다. 그 밖에도 다양한 역할로 활동하고 있다, 청소년 대상 개인 교육 기부, 시니어 강사, 뮤지컬 배우, 자원봉사자, 청년 멘토 등. 나는 이 모든 활동들을 통해 다양한 경험을 나누고 사람들과 소통하고 있다. 요즘 말로 'N잡러'라고 할 수 있다.

나이는 숫자에 불과하다. 나는 앞으로도 인생 2막과 3막을 멋지게 살아갈 계획이다. 도전하고, 배워가며, 나만의 삶을 만들어갈 것이다. 쉼표 없는 도전을 통해 지금보다 더 풍요로운 내일을 만들어 나가고 싶다.

7. '소매가 길면 춤을 잘 춘다'

'소매가 길면 춤을 잘 춘다.'는 고사성어인 장수선무(長袖善舞)는 준비된 사람이 기회를 잡는다는 깊은 의미를 담고 있다. 무용수가 긴소매 옷을 입으면 춤동작을 더욱 아름답고 우아하게 표현할 수 있는 것처럼, 철저한 준비는 성공을 이루는 중요한 밑거름이 된다.

늦게나마 웰다잉을 접한 것은 내 삶의 중요한 선택 중 하나였다. 세상의 어떤 기회도 가만히 앉아 기다리는 사람에게는 찾아오지 않는다. 열정을 불태우며 끊임없이 노력하는 사람에게만 기회와 행운이 주어지는 법이다. 노력의 크기에 따라 기회는 잡을 수 있고, 그것이 바로 행운으로 이어질 가능성을 만들어낸다.

내가 시작한 웰다잉의 기초과정, 심화과정, 그리고 엔딩플래너 상담사 과정은 마치 새로운 무대에서 춤을 추기 위한 여정과도 같았다. 처음에는 준비가 부족한 상태로 웰다잉 강의를 시도하면서 소매 없이 춤을 추듯 어색하고 어려움을 느끼기도 했다. 그렇지만 지금은 자신감이 붙어 6회기와 8회기 과정도 능숙하게 진행할 수 있게 되었다.

그러나, 자만은 금물임을 잊지 않는다. 현재 놓치고 있는 것은 없는지, 웰다잉이 내게 어떤 가치를 지니는지 끊임없이 돌아보고 냉철하게 생각해야만 한다. 또한, 시간이 허락하는 한 웰다잉 전문

강사들과 교류하며 그들의 이야기를 통해 필요한 지식과 경험을 간접적으로 채우는 것도 다짐하고 있다.

좋은 기회를 잡는 조건은 결코 우연히 다가오지 않는다. 그것은 스스로 만들어가는 것이며, 철저한 준비라는 긴 소매와 같은 계획을 세우는 데서 시작된다. 동시에 상황에 따라 유연하게 대처하며 협력하는 자세는 웰다잉 교육 과정을 더욱 아름답고 성공적으로 이끌어 줄 것이다. 이 길을 걸으며 더 단단한 춤사위를 만들어가는 나의 여정을 묵묵히 이어가겠다.

8. '지역사회와 함께 만들어가는 웰다잉 문화, 그 여정의 기록'

삶의 마지막 장을 어떻게 맞이할 것인가, 이는 누구나 마주해야 할 숙제와 같다. 하지만 우리 사회는 죽음에 관해 이야기하기는 여전히 불편하게 여기는 경향이 있다. 이러한 현실 속에서, 나는 지역사회와 함께 웰다잉 문화를 만들어가는 여정을 시작했다.

지역사회 차원에서 죽음과 웰다잉에 대한 교육 프로그램을 제공하는 것은, 죽음에 대한 인식을 변화시키는 중요한 첫걸음이다. 죽음의 과정과 준비에 대한 이해를 높이고, 죽음에 대한 편견과 두려움을 줄여나갈 수 있다. 나는 앞으로 지역 커뮤니티를 중심으로 웰다잉 인식 개선에 앞장설 계획이다. 지역 공동체는 죽음에 대한 인식을 변화시키는 데 큰 역할을 할 수 있다고 믿기 때문이다. 죽음이 금기시되거나 두려움의 대상이 아닌, 자연스러운 삶의 일부로 받아들여질 때 웰다잉은 더욱 효과적으로 실천될 수 있다.

지난해, 나는 서울의 한 주민센터에 웰다잉 교육 제안서를 제출했다. 예산 조정까지 거쳐 제안이 통과되었지만, 아쉽게도 주민투표에서 다른 프로그램에 밀려 실행되지 못했다. 이 경험은 나에게 '지지 공동체 구축'의 필요성을 절실히 느끼게 했다. 웰다잉 문화는 혼자 만들어갈 수 있는 것이 아니며, 지역 주민들의 공감과 지지가 필수적이라는 것을 깨달았다.

최근에는 경로당에서 몇 차례 웰다잉 교육을 진행하며, 어르신들의 높은 관심과 참여를 확인할 수 있었다. 이처럼 나는 지역사회 곳곳에서 웰다잉 문화 확산을 위한 작은 발걸음을 내딛고 있다. 앞으로도 지역 주민들과 함께 소통하고 협력하며, 죽음에 대한 긍정적인 인식을 확산시켜 나갈 것이다. 웰다잉 문화가 우리 사회에 뿌리내릴 수 있도록, 끊임없이 노력하고 실천해 나가겠다.

9. '함께 성장하고 지지하는 공동체 만들기 위해 내가 해야 할 일들'

함께 성장하고 서로를 지지하는 공동체를 만들기 위해 나는 다양한 노력을 기울이고자 한다. 먼저 참여형 교육 프로그램을 개발하여, 죽음에 대한 편견 해소와 삶의 의미를 탐색하는 워크숍을 열고, 스토리텔링이나 예술 활동을 통해 대중이 죽음과 삶을 의미 있게 받아들일 수 있도록 돕겠다.

초·중·고등학교에서는 생애주기 교육을 통해 긍정적인 죽음 인식을 심어주고, 직장 내 웰다잉 교육 프로그램을 운영하여 개인의 삶의 질에 대한 이해를 높이겠다. 또한 지역 커뮤니티 센터, 도서관, 종교 기관에서 무료 강좌나 워크숍을 열어 실질적인 죽음 준비 활동을 체험할 기회를 제공하겠다.

아울러 문화적 접근 방식으로 죽음과 웰다잉을 주제로 한 도서나 에세이를 출간하고, 독서 모임을 활성화해 죽음에 대한 성찰과 토론을 장려할 계획이다. 지역사회와의 협력도 중요하게 여기며, 학교, 병원, 종교 기관, 주민센터 등 다양한 기관과 협력해 공동체의 참여를 유도하겠다. 동시에 온라인 커뮤니티와 오프라인 모임을 통해 참여자들이 서로 만나 소통하고 지지할 수 있는 장도 마련할 것이다.

지속 가능한 교육 시스템 구축에도 힘쓸 예정이다. 웰다잉 전문 강사를 양성하고, 질 높은 교육 자료를 개발하며, 정부 및 지자체의 정책 지원을 끌어내어 웰다잉 교육의 활성화를 도모할 것이다. 더불어 공론화와 토론회를 통해 전문가와 시민들이 함께 죽음에 대해 논의하며 긍정적인 사회적 담론을 형성하도록 노력하겠다.

나는 지난 10여 년간 '일과 삶 포럼'을 운영하며 얻은 경험을 바탕으로 공공 캠페인, 교육 프로그램, 문화적 접근, 정책 지원 활동을 유기적으로 결합하고 실행해 나갈 것이다. 이를 통해 우리 사회가 죽음에 대한 두려움을 극복하고, 삶의 마지막을 존엄하게 준비하는 문화가 정착되도록 최선을 다하겠다.

Epilogue

나에게 자서전 쓰기란?

강은희
 부모님과의 소중한 시간을 돌아보고 내 삶을 정리하는 뜻깊은 시간이었다. 누구나 할 수 있는 이 기록은, 시간이 지나도 빛나는 소중한 보물이 될 것이다.

공요환
 웰다잉 입문자에서 전도사가 되기까지, 정제된 한 영혼의 변화 보고서이다.

김신주
 시간이 지나면 흐려질 엄마와의 추억이 오롯이 남아있게 되었다. 나와 가족에게 준 커다란 선물이다.

김은정
 돌아가신 아버지를 추억하고 애도할 수 있었고, 내 인생을 정리하고 더 나은 삶을 살아가게 하는 뜻 깊은 시간이었다.

김종윤
 자신에게 소중하고 의미 있는 사건이 기억되고 인생이라는 공간 속에서 자신의 삶을 보게 되었다. 또한 내가 좋아하는 녹색과 복지를 사랑하면서 잘 살아가고 있는 사실을 발견하게 되었다.

Epilogue

나에게 자서전 쓰기란?

문선화
 마음속의 이야기를 글로 쓰며 나를 객관적으로 바라볼 수 있었고, 비로소 깊은 성찰을 할 수 있었다. 그리고 내면의 부정적 감정들을 청소하는 시간이었다.

이현정
 자서전 쓰기는 라이프 클리닝의 마중물이다.

이현정(의왕)
 행복한 추억의 보따리에 추가한 또 하나의 보물!!

최영숙
 우선 나의 삶을 돌아보고 이웃을 도와주기 위해 '내가 웰다잉 준비를 어떻게 해야 하나?'를 점검해 보는 자서전 쓰기를 할 수 있어 참 좋았다.

최유재
 누군가에게 평범했을지도 모를 나의 경험과 생각들이, 어딘가의 독자에게는 위로와 용기, 그리고 방향이 되기를 바라는 마음에서 시작했다. 그동안 잊고 지냈던 기억을 다시금 떠올리고, 그 속에서 나라는 존재의 의미를 되짚어보는 소중한 시간이었다.